소그룹 성경 공부 교재

요한복음

열정의 비전 메이커 오정현 목사는
'한 사람을 그리스도 안에서 온전한 제자로 세우는 제자훈련'을 목회철학으로 삼고
'제자훈련의 국제화'와 '피 흘림이 없는 복음적 평화통일',
그리고 '통일세대를 위한 신앙인재 양성'을 위해 쉬지 않고 달려가고 있다.
현재 사랑의교회 담임목사이다.

오정현 다락방 시리즈 9

요한복음

초판 1쇄 인쇄 2016년 3월 23일
초판 4쇄 발행 2025년 5월 7일

지은이 오정현

펴낸이 박주성
펴낸곳 국제제자훈련원
등록번호 제2013-000170호(2013년 9월 25일)
주소 서울시 서초구 효령로68길 98(서초동)
전화 02)3489-4300 **팩스** 02)3489-4329
이메일 dmipress@sarang.org

표지 이미지 Eugène Delacroix, 〈Christ on the Sea of Galilee〉(1854)

ISBN 978-89-5731-703-7 04230

※ 책값은 뒤표지에 있습니다. 잘못된 책은 구입하신 곳에서 교환해드립니다.

국제제자훈련원은 건강한 교회를 꿈꾸는 목회의 동반자로서 제자 삼는 사역을 중심으로
성경적 목회 모델을 제시함으로 세계 교회를 섬기는 전문 사역 기관입니다.

오정현 다락방 시리즈 9

요한복음

반역하는 세상에서 경험하는 하나님 나라

오정현 지음

국제제자훈련원

소그룹 성경 공부

교재 사용에 대하여

제자훈련의 열매는 훈련된 평신도 지도자들이 사역하는 소그룹(구역, 다락방, 셀, 목장)이라 할 수 있다. 소그룹이란 성도 간에 아름다운 사랑의 교제를 나누며, 말씀 안에서 영적으로 성숙해가도록 서로 돕고, 믿지 않는 사람들을 초청하여 복음을 나누는 작은 단위의 공동체이다. 소그룹은 하나님의 말씀에 기초한다. 그러므로 각자의 삶을 드러낼 수 있도록 돕고, 변화되어야 할 삶의 목표를 분명하게 제시할 수 있는 좋은 교재가 마련되면 소그룹을 운영하는 데 큰 도움을 얻는다. 그러나 분주한 목회자의 입장에서는 직접 교재를 만든다는 것이 그리 쉬운 일이 아니다. 이런 어려움을 해결할 수 있도록 돕기 위해 마련된 것이 '오정현 다락방 시리즈'이다.

본 시리즈를 사용하는 데 있어 다음 몇 가지를 참고하기 바란다.

1. 이 교재는 소그룹에서 귀납적인 방법으로 성경을 공부하기 위해 만든 것이다. 즉, 성경의 가르침을 일방적으로 주입하는 대신 충분한 토의를 통해 구성원들의 생각을 먼저 정리하고 그것을 성경의 가르침과 비교하도록 구성되어 있다. 결코 해답 베껴 쓰기 식의 공부가 되지 않도록 해야 한다. 서툴더라도 자기 인식과 활발한 토의 참여로 생생한 결론이 나올 수 있도록 해야 한다. 따라서 지도자는 소그룹 환경에서 귀납적 방법으로 성경을 공부하는 것이 무엇인지를 반드시 먼저 배워야 한다.

2. 이 교재는 교역자가 매주 소그룹 지도자들을 먼저 예습시킨 다음 사용하게 해야 바람직한 효과를 기대할 수 있다. 소그룹 지도자가 공부할 내용을 충분히 이해해야 한다. 그냥 교재만 던져주고 마음대로 사용하게 하는 것은 좋지 않다.

3. 소그룹에 참석하는 구성원들은 반드시 예습을 하도록 권장해야 한다.

4. 한 과를 공부하는 데에는 한 시간 이상이 필요하다. 그러므로 각 문제에 따라 답만 찾아보고 넘어가야 할 것과 충분한 토의를 통해 진지하게 적용할 것을 잘 구별해서 진행하는 것이 중요하다.

다락방은 하나님 나라의 현장입니다

지금도 요한복음을 강해했던 주일을 생각하면 가슴이 뛥니다.
말씀을 함께했던 교인들의 뜨거움과 눈물이 생생합니다.
말씀을 전하고 영으로 반응하고
그것이 교회적으로 더 깊고 넓게 거룩한 파문으로 확장되던 시간이었습니다.

적지 않은 사람들이 하나님 나라에 대해서 지식적으로는 아는 듯하지만, 실제로 그것을 삶의 현장에서 구체적으로 드러내고, 구축(構築)하는 것에 대해서는 전진하지 못하고 있습니다. 그렇다고 우리가 발을 딛고 서 있는 삶의 현장에서 하나님의 나라를 이해하고 동참하는 것이 결코 많은 지식과 대단한 행동을 요구하는 것도 아닙니다. 요한복음 강해를 시작하면서 전체 주제를 '하나님 나라 건설'로 잡은 이유가 여기 있습니다. 매 설교 때마다 신자의 삶은 반드시 하나님 나라와 연결되어 있으며 모든 신자는 언제 어디서나 하나님 나라를 세울 수 있다는 사실을 나누고 싶었습니다.

그야말로 다락방은 하나님 나라를 세우는 현장이 되어야 합니다. 다락방은 하나님 나라를 세우는 전방이라고 할 수 있습니다. 순장과 순원이 말씀을 듣고 사탄으로부터 하나님 나라를 사수하는 현장이 다락방입니다.

요한복음의 각 장을 다룬 설교 제목들이 바로 하나님 나라를 설명하고 있습니다. 지면 부족으로 모든 장들을 다루지는 못하나 대략적으로나마 정리한다면, 요한복음 1장에서는 예수님이 누구신지를 아는 곳이 하나님의 나라이며, 3장에서는 독생자 예수님을 보내신 하나님의 사랑에 눈물짓는 곳이 하나님의 나라이며, 6장에서는 내가 가진 작은 것으로 오병이어의 역사를 이루는 곳이 하나님의 나라이며, 10장에서는 선한 목자 되시는 예수님의 음성을 듣고 따르는 곳이 하나님의 나라이며, 12장에서는 예수님 때문에 세상의 효율성을 넘어 거룩한 낭비를 하는 곳이 하나님의 나라이며, 16장에서는 우리를 진리 가운데로 인도하시는 성령님께서 드러내는 곳이 하나님의 나라이며, 21장에서는 주님 주신 소명으로 각자의 양을 먹이는 곳이 하나님의 나라임을 말하고 있습니다.

그러므로 하나님의 나라는 지금 내가 살아가는 바로 그곳에서 나로 인하여 언제든지 시작되고 세워지는 나라입니다. 예수님의 말씀에 순종하여 가족에게 건네는 따뜻한 위로의 말 한마디에서부터 시작하여 불의에 대해서는 생명을 걸고 맞서는 것에 이르기까지, 하나님 나라의 스펙트럼은 무한히 넓습니다.

'나는 지금 하나님 나라를 경험하며 살고 있는가? 나의 일상은 하나님의 나라를 세우고 있는가?' 우리는 하나님 나라의 본성(本城)인 천국에 갈 때까지 이 질문을 계속해서 되뇌며 만지고 또 만짐으로, 하나님 나라와 내가 혼연일체가 되는 자리에 이르도록 해야 할 것입니다.

성경을 읽다 보면 말씀이 귀에 들리고 손에 만져지는 순간이 있습니다. 말씀이 살아서 내 속에 임하고, 온몸이 경험하는 것입니다. 모쪼록 다락방마다 자신에게 임하는 하나님 나라를 목도하며, 젊은이들은 환상을 보고 늙은 이들은 꿈을 꾸는 영적인 경험이 속출하는 장(場)이 되기를 기대합니다.

오정현 목사

차례

Lesson 1

예수님은 누구신가?

요한복음 1:1~5, 14

1 태초에 말씀이 계시니라 이 말씀이 하나님과 함께 계셨으니 이 말씀은
곧 하나님이시니라
2 그가 태초에 하나님과 함께 계셨고
3 만물이 그로 말미암아 지은 바 되었으니 지은 것이 하나도 그가 없이는
된 것이 없느니라
4 그 안에 생명이 있었으니 이 생명은 사람들의 빛이라
5 빛이 어둠에 비치되 어둠이 깨닫지 못하더라

14 말씀이 육신이 되어 우리 가운데 거하시매 우리가 그의 영광을 보니 아
버지의 독생자의 영광이요 은혜와 진리가 충만하더라

마음의 문을 열며

그리스도인은 예수님을 마음에 모시고 믿음으로 사는 사람입니다. 그런데 마음속에 모신 예수님이 어떤 분인지 물으면 머뭇거리는 신자들이 많습니다. 믿는 자로서 내 속에 계신 예수님이 누구신지를 분명하고 정확하게 고백하고 시인하는 것은 바른 신앙을 위한 중요한 첫걸음이라고 할 수 있습니다.

사도 요한은 예수님이 누구신지, 예수님을 마음에 모신 사람은 어떠해야 하는지를 보여주고 있습니다. 내 마음에 모신 예수님이 어떤 분인지 다시 한 번 확인하고 깊이 묵상하면서 우리의 생명 되시는 예수님의 사랑과 능력을 체험하는 시간이 되기를 바랍니다.

말씀의 씨를 뿌리며

1. 사도 요한이 요한복음을 기록한 목적은 무엇입니까?

• 요 20:31

2. 성경은 예수님을 어떤 분으로 소개하고 있습니까?

• 1절

• 2절

• 4절

3. 사도 베드로는 예수님을 어떤 분으로 고백했습니까? 그의 고백에 대해 예수님은 어떻게 반응하셨습니까?

• 마 16:16~17

4. 창조주이시며, 그리스도시요, 생명의 주인이신 예수님을 우리 마음에 모시면 어떤 일이 일어납니까? 우리가 예수님을 믿는다고 하면서도 우리 마음에 계시는 그분의 영광을 보지 못할 때 어떤 일이 생깁니까?

• 14절

• 요 12:42~43

5. 예수님이 우리 가운데 거하시는 하나님이심을 믿고, 우리 안에 임하신 그분의 영광을 경험하게 될 때 은혜와 진리가 충만해집니다. 그렇다면 당신의 삶 속에서 예수님이 그리스도시요, 나의 주님이심을 믿는다는 증거는 무엇입니까?

6. 다음 글을 읽고 생명 되시는 예수님이 내 삶에 어떤 의미가 있는지 생각해봅시다.

요한복음은 예수님의 생명 되심을 강조하고 있습니다. 신약성경에 생명(조에)이라는 단어가 135회 나오는데, 그중 36회가 요한복음에 나옵니다. 나사로의 부활 사건은 요한복음에만 나오는 사건입니다. 썩어서 냄새 나는 나사로가 생명을 얻은 사건을 요한은 세밀하게 기록하고 있습니다. 이 모두가 예수님의 생명 되심을 드러내기 위한 것이라고 할 수 있습니다. 그러므로 예수님의 생명 되심은 요한복음의 전체 주제라고 할 수 있습니다. 예수님이 생명이라는 사실은, 예수님이 먼 미래에 생명을 주실 분이라는 뜻만이 아니라, 지금 현세에서도 우리에게 생명을 주시는 분이라는 뜻입니다. 그것은 지금 우리가 예수님의 생명을 얼마나 누리고 사느냐와 연결됩니다.

7. 그리스도인은 예수 그리스도를 마음에 모시고 사는 사람입니다. 그러므로 참 그리스도인이 되는 첫 발걸음은 우리 마음에 모신 예수님이 어떤 분인지 분명히 자각하는 것이고, 그 예수님을 내 인생의 주님으로 모시기 위해 무엇을 해야 할지 결단하는 것입니다. 현재 당신의 삶으로 고백하는 예수님은 어떤 분이시며, 내 마음에 모신 예수님을 주님으로 인정하는 삶을 살기 위해서는 어떤 결단을 할 수 있습니까?

삶의 열매를 거두며

빛을 담은 그릇은 환할 수밖에 없습니다. 마찬가지로 우리의 생명 되시고 창조주 되신 예수 그리스도를 마음에 모시고 사는 사람은 그리스도의 영광을 드러낼 수밖에 없습니다. 지난 한 주간을 돌아보십시오. 가족과 이웃과 동료가 당신 속에서 환하게 빛나는 그리스도의 영광을 보고 있습니까? 혹시라도 여러 가지 이유로 그리스도의 향기를 드러내지 못하고 있다면, 하나님께 길을 열어달라고 간절히 기도를 드립시다.

Lesson 2

은혜 위에 은혜

요한복음 1:9~18

9 참 빛 곧 세상에 와서 각 사람에게 비추는 빛이 있었나니
10 그가 세상에 계셨으며 세상은 그로 말미암아 지은 바 되었으되 세상이 그
를 알지 못하였고
11 자기 땅에 오매 자기 백성이 영접하지 아니하였으나
12 영접하는 자 곧 그 이름을 믿는 자들에게는 하나님의 자녀가 되는 권세
를 주셨으니
13 이는 혈통으로나 육정으로나 사람의 뜻으로 나지 아니하고 오직 하나님께
로부터 난 자들이니라
14 말씀이 육신이 되어 우리 가운데 거하시매 우리가 그의 영광을 보니 아버
지의 독생자의 영광이요 은혜와 진리가 충만하더라
15 요한이 그에 대하여 증언하여 외쳐 이르되 내가 전에 말하기를 내 뒤에 오
시는 이가 나보다 앞선 것은 나보다 먼저 계심이라 한 것이 이 사람을 가
리킴이라 하니라
16 우리가 다 그의 충만한 데서 받으니 은혜 위에 은혜러라
17 율법은 모세로 말미암아 주어진 것이요 은혜와 진리는 예수 그리스도로
말미암아 온 것이라
18 본래 하나님을 본 사람이 없으되 아버지 품속에 있는 독생하신 하나님이
나타내셨느니라

마음의 문을 열며

"그리스도인은 무엇으로 사는가?"라는 질문에 대해 여러 가지 대답이 있을 수 있으나, 이 질문에 대한 다양한 대답의 공통분모가 있다면 그것은 은혜입니다. 믿는 자는 '은혜의 하루살이'라고 할 만큼 은혜 없이는 하루도 영적으로 살아갈 수 없습니다. 왜냐하면 "내가 나 된 것은 하나님의 은혜"(고전 15:10)라는 바울의 고백처럼, 신앙인은 하나님의 은혜가 없으면 존재 자체가 불가능하기 때문입니다.

오늘 본문을 통해 하나님께서 당신의 자녀에게 주시는 이 은혜의 너비와 길이와 높이와 깊이를 경험할 수 있기를 바랍니다. 그리하여 이 거칠고 험한 세상이라는 바다를 항해하는 삶의 방주에 은혜의 돛을 다는 시간이 되기를 바랍니다.

말씀의 씨를 뿌리며

1. 그리스도인이 예수님을 믿을 때에 받는 최고의 은혜는 무엇입니까?

• 12절

2. 그리스도인들은 창조주 하나님을 아버지로 부르는 은혜를 입은 자들입니다. 하나님을 아버지로 부르는 이 놀라운 권세를 가진 하나님의 자녀가 되는 길에 대해 성경에서 말씀하는 바를 찾아보세요.

• 12~13절

• 엡 2:8

3. 예수님을 영접하고 하나님의 자녀가 되면 예수님으로 인해 누리는 영적인 특권들이 있습니다. 그것들은 무엇입니까?

• 14절

4. 본래 사람은 율법적인 행함 혹은 자기 의를 통해 구원을 추구하는 경향이 있습니다. 그러나 예수님을 믿으면, 구원은 전적으로 하나님이 주시는 은혜의 산물임을 깨닫게 됩니다. 성경은 율법과 은혜에 대해 어떻게 말씀하고 있습니까?

• 17절

• 갈 2:21

• 갈 5:4

5. 우리가 하나님의 은혜를 누리기 위해서는 은혜의 하루살이처럼 날마다 하나님의 보좌 앞에 나아가야 합니다. 은혜를 받는 것도 중요하지만 받은 은혜를 쏟지 않고 간직하는 것도 중요합니다. 어떻게 하면 우리가 받은 은혜를 간직하고 삶에서 넘치게 할 수 있을까요?

• 벧후 3:18

• 히 10:23~25

6. 하나님의 은혜는 아무리 퍼내어도 마르지 않는 샘과 같습니다. 다음 글을 읽고 한계가 없는 은혜의 속성에 대해 묵상해보세요.

은혜는 하나님의 심장에서 나오는 것인데, 하나님의 가슴은 전 우주를 몇 천 번이나 몇 만 번으로 채워도 다 채울 수 없는 넓고 깊은 곳이기에 그곳에서 나오는 은혜도 한계가 없습니다. 이것을 데이비드 제러마이어(David Jeremiah) 목사님은 자신의 저서인 《어메이징 그레이스》(《모험, 인생 역전의 은혜를 갈망하라》는 제목으로 개정판이 출간됨)에서 이렇게 표현하고 있습니다. “하나님의 사랑에는 과거, 현재, 미래의 모든 죄인들을 구원하고 영원토록 그 구원을 보존할 정도의 충분한 은혜가 있다. 또한 죄인으로 가득 찬 수백만 개의 우주를 구원하고도 남을 정도의 은혜가 있다. 그런데 아직 더 남아 있다. 모든 성도들에게 죄에 대한 영원한 승리를 가져다줄 만큼 충분한 은혜가 있다. 그리고 또 남아 있다. 모든 슬픔, 상심, 고난, 유혹, 시험, 시련 그리고 그 이상의 것들에 대해서 해결할 만큼의 충분한 은혜가 있다. 하나님의 구원의 크기는 특대형이다. 그것은 어떠한 충격에도 절대 깨어지지 않는 완전 충분형이다. 그것은 십자가에서 주님의 완전하고 충분한 희생을 통하여 값없이 의롭게 주신 것으로서 무한하신 하나님의 심장에서 흘러나오기에 어떠한 문제도 감당할 수 있다. 그 은혜는 언제나 흘러넘치는 은혜이다.”

7. 예수님을 믿고 그리스도인이 될 때 누리는 최고의 축복은 하나님의 자녀가 되는 것입니다. 제임스 패커(James Packer)는 "신자에게 주신 바 하나님이 아버지라는 계시는 어떤 의미에서 성경의 절정이다"라고 말합니다. 하나님을 아버지로 모시고 있는 당신은 성경의 절정을 누리는 삶을 살고 있습니까? 그렇지 못하다면 그 이유를 생각해보고 해결책을 나누어보세요.

삶의 열매를 거두며

예수님을 믿고 하나님의 자녀가 된 모든 사람은 영원한 은혜의 채무자라고 할 수 있습니다. 은상가은(恩上加恩)의 은혜는 어린아이처럼 하나님 아버지를 찾는 자가 누리는 축복입니다. 은혜는 사모해야 하고, 받은 은혜는 함께 누려야 합니다. 은상가은의 풍성함을 누리며, 단 하루도 하나님의 은혜가 없으면 살 수 없는 은혜의 하루살이임을 고백합시다. 이 은혜로 자신은 물론 주변 사람까지도 풍성하게 하는 삶을 살아가기로 결심하는 기도를 드립시다.

Lesson 3

하나님 나라 건설의 비밀

요한복음 2:1~11

1 사흘째 되던 날 갈릴리 가나에 혼례가 있어 예수의 어머니도 거기 계
시고
2 예수와 그 제자들도 혼례에 청함을 받았더니
3 포도주가 떨어진지라 예수의 어머니가 예수에게 이르되 저들에게 포도주
가 없다 하니
4 예수께서 이르시되 여자여 나와 무슨 상관이 있나이까 내 때가 아직 이
르지 아니하였나이다
5 그의 어머니가 하인들에게 이르되 너희에게 무슨 말씀을 하시든지 그대
로 하라 하니라
6 거기에 유대인의 정결 예식을 따라 두세 통 드는 돌항아리 여섯이 놓였는
지라
7 예수께서 그들에게 이르시되 항아리에 물을 채우라 하신즉 아귀까지 채
우니
8 이제는 떠서 연회장에게 갖다주라 하시매 갖다주었더니
9 연회장은 물로 된 포도주를 맛보고도 어디서 났는지 알지 못하되 물 떠
온 하인들은 알더라 연회장이 신랑을 불러
10 말하되 사람마다 먼저 좋은 포도주를 내고 취한 후에 낮은 것을 내거늘
그대는 지금까지 좋은 포도주를 두었도다 하니라
11 예수께서 이 첫 표적을 갈릴리 가나에서 행하여 그의 영광을 나타내시매
제자들이 그를 믿으니라

마음의 문을 열며

예수님께서는 육신의 몸으로 이 땅에 오셔서 병자를 고치시고, 죄인을 구원하시며, 천국복음을 전파하셨습니다. 이러한 예수님의 사역을 한마디로 요약하면 하나님의 나라를 세우시는 사역이라고 말할 수 있습니다. 하나님 나라의 건설은 믿지 않는 사람들에게는 숨겨진 비밀이요, 믿는 사람들에게는 드러난 비밀입니다. 오늘 본문은 예수님께서 어떻게 믿는 자들을 통해서 이 땅에 하나님 나라를 건설하시는지를 보여주고 있습니다. 영의 눈을 열어서 믿는 자에게 보여주시는 천국의 비밀을 깨닫고, 개인과 가정 속에 하나님의 나라를 세우는 것이 얼마나 중요하며 큰 축복인지 함께 나누는 시간이 되기를 바랍니다.

말씀의 씨를 뿌리며

1. 예수님께서 공생애의 첫 표적을 가나 혼인 잔칫집에서 행하신 이유는 무엇입니까? 하나님 나라의 관점에서 생각해보세요.

• 마 22:2

2. 당시 유대인의 혼인 잔치는 일주일씩 계속되었는데, 그 기간에 포도주가 떨어졌다는 것은 더 이상 잔치를 계속할 수 없을 정도의 결정적인 위기였습니다. 마리아는 이 위기를 어떻게 해결하고 있습니까?

• 3절

• 5절

3. 혼인 식장에서 가장 먼저 문제를 파악하고 예수님께 그 사실을 알릴 뿐 아니라 하인들을 준비시킨 마리아의 모습에서, 하나님 나라의 건설을 위해 우리가 배워야 할 것은 무엇입니까?

• 마 25:21

4. 하인들의 행동이 놀라운 이유는 무엇입니까? 하나님의 나라를 세우려는 우리가 하인들의 행동을 통해 배워야 할 두 번째 교훈을 찾아보세요.

• 7~9절

5. 잔치에 손님으로 초대받았지만 주인의식을 가지고 상황을 살피며 문제를 해결하려 한 마리아의 모습과, 순종하기 어려운 지시를 그대로 순종한 하인들의 태도는 우리가 하나님 나라를 세우는 일에 어떠한 태도로 임해야 하는지를 보여주고 있습니다. 자신의 삶에서 하나님의 나라를 세우는 일에 주인의식을 가지려면 어떻게 해야 할지 구체적으로 나누어보세요.

6. 하나님의 나라는 기쁨과 설렘이 가득한 곳입니다. 다음 글을 읽고 하나님 나라의 희락성(喜樂性)에 대해 묵상해보세요.

복음주의 사회학자 토니 캠폴로(Tony Campolo)는 "하나님의 나라는 파티"라고 말했습니다. 파티는 잔치요, 기쁨과 축하로 가득 찬 곳입니다. 하나님 나라 파티는 세상의 파티와는 달리 빈부귀천, 남녀노소 차별 없이 모든 이들이 초대받는 곳이요, 부한 자와 가난한 자, 귀한 자와 천한 자가 기꺼이 함께 손을 잡고 기쁨의 춤을 추는 곳입니다. 하나님의 나라가 희락이라는 말은 무슨 뜻일까요? 하나님의 나라는 성령 안에서의 기쁨, 즉 성령의 기쁨이라는 말입니다. 쉽게 말해서 하나님의 나라는 그 속에 거하는 하나님의 백성을 성령의 기쁨으로 춤추게 하는 곳이라는 뜻입니다. 이런 점에서 마틴 로이드 존스(Martyn Lloyd-Jones) 목사님이 "여러분을 행복하게 못하는 기독교는 기독교라 불릴 자격이 없다"라고 한 말은 옳습니다.

7. 하인들의 절대순종은 누가복음 1장에 나타난 마리아의 절대순종과 닮아 있습니다. 이 두 사례는 하나님의 나라를 세우는 일에는 믿음으로 순종하는 것이 반드시 따라야 함을 보여주고 있습니다. 당신에게는 절대순종의 마음이 있습니까? 절대순종을 방해하는 것은 무엇입니까?

삶의 열매를 거두며

하나님 나라는 기쁨과 설렘이 가득한 혼인 잔치와 같습니다. 이 땅에 기쁨과 설렘이 가득한 하나님 나라를 세우는 일에는, 마리아의 주인의식과 물 떠온 하인의 절대순종이 필요합니다. 어떻게 하면 하나님의 나라에 주인의식을 가지고 참여하며, 물 떠온 하인처럼 순종으로 행할 수 있을까요? 여기에 우리의 깊은 고민이 있습니다. 하나님의 일을 자신의 일로 여기는 주인의식과 믿음으로 행하는 절대순종을 위해 결단의 기도를 드립시다.

Lesson 4

거듭나는 길

요한복음 3:1~15

1 그런데 바리새인 중에 니고데모라 하는 사람이 있으니 유대인의 지도자라
2 그가 밤에 예수께 와서 이르되 랍비여 우리가 당신은 하나님께로부터 오
신 선생인 줄 아나이다 하나님이 함께하시지 아니하시면 당신이 행하시
는 이 표적을 아무도 할 수 없음이니이다
3 예수께서 대답하여 이르시되 진실로 진실로 네게 이르노니 사람이 거듭
나지 아니하면 하나님의 나라를 볼 수 없느니라
4 니고데모가 이르되 사람이 늙으면 어떻게 날 수 있사옵나이까 두 번째
모태에 들어갔다가 날 수 있사옵나이까
5 예수께서 대답하시되 진실로 진실로 네게 이르노니 사람이 물과 성령으
로 나지 아니하면 하나님의 나라에 들어갈 수 없느니라
6 육으로 난 것은 육이요 영으로 난 것은 영이니
7 내가 네게 거듭나야 하겠다 하는 말을 놀랍게 여기지 말라
8 바람이 임의로 불매 네가 그 소리는 들어도 어디서 와서 어디로 가는지
알지 못하나니 성령으로 난 사람도 다 그러하니라
9 니고데모가 대답하여 이르되 어찌 그러한 일이 있을 수 있나이까
10 예수께서 그에게 대답하여 이르시되 너는 이스라엘의 선생으로서 이러한
것들을 알지 못하느냐
11 진실로 진실로 네게 이르노니 우리는 아는 것을 말하고 본 것을 증언하
노라 그러나 너희가 우리의 증언을 받지 아니하는도다
12 내가 땅의 일을 말하여도 너희가 믿지 아니하거든 하물며 하늘의 일을
말하면 어떻게 믿겠느냐
13 하늘에서 내려온 자 곧 인자 외에는 하늘에 올라간 자가 없느니라
14 모세가 광야에서 뱀을 든 것같이 인자도 들려야 하리니
15 이는 그를 믿는 자마다 영생을 얻게 하려 하심이니라

마음의 문을 열며

'거듭나다'의 사전적 의미는 지금까지의 방식이나 태도를 버리고 새롭게 시작한다는 뜻입니다. 그러나 기독교적으로 거듭남은 우리가 영적으로 다시 태어나 사망에서 영원한 생명으로 옮겨가는 가장 특별하고 엄청난 사건을 의미합니다. 거듭나지 않으면 구원 받을 수 없습니다. 거듭나야만 하나님의 나라에 들어갈 수 있습니다. 오늘 말씀을 통해서 성경적인 거듭남을 바르게 이해함으로 거듭남의 은혜에 감사하고, 거듭난 자로서의 삶을 결단하는 시간이 되기를 바랍니다.

말씀의 씨를 뿌리며

1. 예수님을 찾아온 니고데모는 어떤 사람입니까? 그가 밤에 찾아온 이유는 무엇이라고 생각합니까?

• 1절

2. 거듭나지 않으면 하나님의 나라를 볼 수 없다는 예수님의 말씀에 니고데모는 어떻게 다시 태어날 수 있느냐고 반문합니다. 이 질문에 대한 예수님의 대답은 무엇입니까?

• 5~6절

3. 예수님께서 니고데모에게 말씀하신 내용 중에 하나님 나라에 들어가기 위해서 물과 성령으로 거듭나야 한다는 것은 무슨 뜻입니까?

• 행 2:38

• 딛 3:5

4. 니고데모가 예수님을 찾았을 때, "당신은 하나님께로부터 오신 선생인 줄 아나이다"라고 말할 정도로 자신의 지식을 자랑했습니다. 그러나 반복되는 질문과 대답 속에서, 니고데모는 거듭나야 한다는 예수님의 말씀을 전혀 이해하지 못하고 있습니다. 니고데모의 문제는 무엇입니까? (참고/ 요 6:63)

• 6절

• 10절

5. 영적인 문제를 육적인 문제로 풀려고 한 니고데모의 모습은 오늘날 영의 문제를 육의 문제로 해결하려는 현대인의 어두운 면을 투영하고 있습니다. 우리가 영적으로 어두워질 때는 언제이며, 영적으로 눈이 밝아지기 위해서는 어떻게 해야 합니까? (참고/ 마 13:22; 시 119:130)

6. 거듭남은 전적으로 하나님의 주권적인 역사입니다. 다음 글을 읽고 거듭남의 주권적인 역사가 얼마나 다양하게 나타나는지 묵상해보세요.

어거스틴(Augustine)은 열여섯 살에 집을 떠난 이후로 16년 동안 자신의 정욕에 굴복하며 살았습니다. 술과 여자를 탐하면서 자신의 추한 정욕에 사로잡혀 살았습니다. 그런 와중에 주후 386년 8월 말의 어느 날, 그는 가장 친한 친구인 알피우스와 기독교 신앙에 대해 이야기했습니다. 어거스틴은 답답한 마음을 달래러 정원으로 나갔습니다. 그는 당시의 심경을 이렇게 썼습니다. "저는 반쯤 미쳐버렸고, 하나님의 뜻을 받아들이지 못하고, 하나님과의 언약에 들어가지 못하는 나 자신을 보며 격한 분노에 휩싸였습니다. 저는 머리를 쥐어뜯고 두 주먹으로 이마를 쳤습니다." 그때 담벼락 밖에서 어린아이가 "집어 들고 읽어라. 집어 들고 읽어라" 하며 반복적으로 부르는 것을 듣고, 방으로 들어가 성경을 집어 펼쳐 읽었습니다. 그 구절이 로마서 13장 13~14절입니다. "낮에와 같이 단정히 행하고 방탕하거나 술 취하지 말며 …… 그리스도로 옷 입고 정욕을 위하여 육신의 일을 도모하지 말라." 이 성경구절을 읽고 나자, 어거스틴의 마음속에 확신의 빛이 홍수처럼 밀려들고 모든 의심의 어둠이 물러가는 것 같았습니다. 어거스틴은 그 순간 거듭났습니다.
또 한 사람은 C. S. 루이스(Clive Staples Lewis)입니다. 세상에는 《나니아 연대기》를 쓴 사람으로 더 잘 알려져 있습니다. 1931년 9월의 어느 날 저녁이었습니다. 루이스는 《반지의 제왕》을 쓴 J. R. R. 톨킨(John Ronald Reuel Tolkien)과 셰익스피어(William Shakespeare) 전문가인 휴고 다이슨(Hugo Dyson)과 함께 기독교에 대해 토론 중이었습니다. 이미 하나님께서는 루이스의 회심을 준비 중이셨지만 아직 루이스에게는 회심이 일어나지 않은 상태였습니다. 그런데 루이스는 다음 날 동물원으로 가는 버스의 이야기를 우리에게 들려주고 있습니다. "햇살이 따스한 어느 날 버스를 타고 윕스네이드(Whipsnade) 동물원으로 향했다. 출발할 때에는 예수 그리스도가 하나님의 아들이라고 믿지 않았으나 동물원에 도착했을 때에는 믿었다." 1)

7. 자신이 거듭났는지 아닌지 어떻게 알 수 있을까요? 거듭남은 추상이 아니라 실체입니다. 성령으로 거듭난 사람은 희한하게도 하나님의 놀라운 사랑이 깨달아집니다. 그럼에도 당신에게는 여전히 니고데모처럼 육으로 영을 이해하려는 성향이 남아 있지는 않습니까? 어떻게 하면 거듭난 자로서 영의 눈을 열어 하나님의 사랑을 깨달은 자의 삶을 살아갈 수 있을까요?

삶의 열매를 거두며

하나님의 나라는 거듭난 사람만 갈 수 있습니다. 세상의 어떤 것으로도 거듭남을 살 수 없습니다. 예수 그리스도의 십자가의 사랑과 대속(代贖)의 은총만이 우리를 거듭나게 할 수 있습니다. 거듭난 우리는 출생이 다른 새로운 피조물이 되었습니다. 이제 하나님의 사랑을 품은 거듭난 자로서 형제와 자매를 더 사랑하고 더 용서하는, 거듭남에 걸맞은 삶을 살기로 결단하는 기도를 드립시다.

Lesson 5

독생자를 보내신 사랑

요한복음 3:16~21

16 하나님이 세상을 이처럼 사랑하사 독생자를 주셨으니 이는 그를 믿는 자
마다 멸망하지 않고 영생을 얻게 하려 하심이라
17 하나님이 그 아들을 세상에 보내신 것은 세상을 심판하려 하심이 아니요
그로 말미암아 세상이 구원을 받게 하려 하심이라
18 그를 믿는 자는 심판을 받지 아니하는 것이요 믿지 아니하는 자는 하나
님의 독생자의 이름을 믿지 아니하므로 벌써 심판을 받은 것이니라
19 그 정죄는 이것이니 곧 빛이 세상에 왔으되 사람들이 자기 행위가 악하
므로 빛보다 어둠을 더 사랑한 것이니라
20 악을 행하는 자마다 빛을 미워하여 빛으로 오지 아니하나니 이는 그 행
위가 드러날까 함이요
21 진리를 따르는 자는 빛으로 오나니 이는 그 행위가 하나님 안에서 행한
것임을 나타내려 함이라 하시니라

마음의 문을 열며

요한복음 3장 16절은 교회에 한 번이라도 발을 디딘 사람이라면 들어본 말씀입니다. 성경의 모든 구절을 요약한 생명의 말씀이요, 우리가 예수님을 믿고 구원을 얻게 된 가장 분명한 근거를 제시한 말씀입니다. 죄로 인해 파멸될 죄인에게 하나님의 자녀가 되는 영생의 길을 열어주신 말씀이요, 우리의 구원이 행위가 아니라 전적으로 하나님의 은혜임을 확증하는 말씀입니다.

어떤 면에서 이 세상은 요한복음 3장 16절의 말씀을 가슴에 담고 살아가는 사람과 그렇지 않은 사람으로 나뉠 수 있습니다. 이 말씀을 가진 사람은 어떤 경우에도 절망할 수 없습니다. 다시 한 번 하나님의 사랑을 가슴에 새기고, 그 사랑이 우리의 심장을 뛰게 하는 시간이 되기를 바랍니다.

말씀의 씨를 뿌리며

1. 요한복음 3장 16절은 하나님의 사랑으로 그분의 자녀가 된 우리에게 영생의 문을 여는 말씀입니다. 하나님의 놀라운 사랑을 동사를 중심으로 네 가지로 정리해보세요.

• 16절

2. 하나님께서 독생자 예수 그리스도를 세상에 보내신 이유는 무엇입니까?

• 16~17절

3. 성경은 하나님의 독생자를 믿지 않는 자는 이미 심판을 받았다고 말씀하고 있습니다. 여기서 말하는 심판은 무엇을 의미합니까?

• 롬 6:23

• 요 12:48

4. 말씀에 비추어보면, 성경에서 말하는 악을 행하는 자와 진리를 행하는 자의 모습은, 세상적인 사람들의 생각과 크게 다른 것을 알 수 있습니다. 무엇이 다른지 묵상하고 나누어보세요. 또한 지금 당신에게 진리의 빛이 비칠 때 숨기고 싶은 것은 없는지 자신을 돌아보고, 있다면 왜 돌이키지 못하는지 그 이유를 나누어보세요.

• 요 16:9

• 20~21절

5. 하나님께서 독생자를 우리에게 보내신 이유는, 죄로 인해 단절된 우리를 하나님과 새로운 관계를 맺도록 회복시키기 위함입니다. 하나님과의 관계를 회복하는 가장 중요한 첫 단추는 그분의 독생자를 믿는 것입니다. 당신이 하나님과 더 깊은 관계를 맺기 위해 할 수 있는 일은 무엇입니까? (참고/ 벧후 3:18)

• 요 10:27

• 엡 4:13

6. 하나님 나라의 제일 우선순위는 하나님과의 관계성입니다. 다음 글을 읽고 그리스도인으로서 하나님과 새로운 관계를 맺는 것이 얼마나 소중한지, 이를 위해 우리가 해야 하는 것은 무엇인지 묵상해보세요.

러셀 윌링엄(Russel Willingham) 목사님은 하나님과 그분의 자녀의 관계가 얼마나 중요한지를 이렇게 설명하고 있습니다. "하나님의 영원한 심장은 오직 한 가지 목적을 위해 뛴다는 것을 우리에게 보여주셨다. 그것은 우리와 관계를 맺는 것이다." 하나님께서 인간을 창조하신 것도 관계를 맺기 위한 것이고, 하나님께서 우리를 사랑하셔서 독생자 예수님을 보내어 십자가에 달려 돌아가게 하신 것도 우리와 새로운 관계를 맺기 위한 것이고, 종말에 예수님께서 재림하시는 이유도 새 예루살렘에서 우리와 영원한 관계를 가지기 위함입니다. 어떤 관계입니까? 아버지와 아들의 관계입니다. 이러한 관계의 회복은 탕자의 비유에서 보이듯이 아버지의 사랑을 믿고 그분께 돌아오는 것으로 시작합니다. 돌아온 탕자에게 새 옷을 입히고, 가락지를 끼우고, 신을 신기고, 살진 송아지를 잡는 것은 아버지가 알아서 하십니다. 인간의 역할은 아버지의 사랑을 믿고 그분께로 돌아오는 것입니다.

7. 하나님과 사랑의 관계가 회복되면 죄에 사로잡힌 자신의 진짜 본성에 눈을 뜨고, 죄인인 자신을 구원하신 하나님께 회개와 감사를 드리지 않을 수 없습니다. 한마디로 하나님의 사랑에 빚진 자로 살아가게 됩니다. 하나님의 사랑에 빚진 자의 모습은 어떠해야 하는지 생각해보세요. 그리고 내가 지금 그렇게 살지 못한다면 그 이유는 무엇이라고 생각하는지 나누어보세요.

삶의 열매를 거두며

하나님께서는 죄의 파멸에서 우리를 구원하기 위해 독생자를 이 땅에 보내주셨습니다. 우리가 받은 하나님의 크신 사랑은 만 입이 있어도 다 말할 수 없고, 하늘을 두루마리 삼고 바다를 먹물 삼아도 다 기록할 수 없습니다. 한없는 하나님의 사랑을 다시 마음에 새기고 그 사랑에 반역하는 삶을 살지 않도록 결심하는 기도를 드립시다.

Lesson 6

인생의 갈급함을 어떻게 해결할 수 있을까?

요한복음 4:1~42

1 예수께서 제자를 삼고 세례를 베푸시는 것이 요한보다 많다 하는 말을
바리새인들이 들은 줄을 주께서 아신지라
2 (예수께서 친히 세례를 베푸신 것이 아니요 제자들이 베푼 것이라)
3 유대를 떠나사 다시 갈릴리로 가실새
4 사마리아를 통과하여야 하겠는지라
5 사마리아에 있는 수가라 하는 동네에 이르시니 야곱이 그 아들 요셉에게
준 땅이 가깝고
6 거기 또 야곱의 우물이 있더라 예수께서 길 가시다가 피곤하여 우물 곁
에 그대로 앉으시니 때가 여섯 시쯤 되었더라
7 사마리아 여자 한 사람이 물을 길으러 왔으매 예수께서 물을 좀 달라 하
시니
8 이는 제자들이 먹을 것을 사러 그 동네에 들어갔음이러라
9 사마리아 여자가 이르되 당신은 유대인으로서 어찌하여 사마리아 여자인
나에게 물을 달라 하나이까 하니 이는 유대인이 사마리아인과 상종하지
아니함이러라
10 예수께서 대답하여 이르시되 네가 만일 하나님의 선물과 또 네게 물 좀 달라
하는 이가 누구인 줄 알았더라면 네가 그에게 구하였을 것이요 그가 생수를
네게 주었으리라
11 여자가 이르되 주여 물 길을 그릇도 없고 이 우물은 깊은데 어디서 당신
이 그 생수를 얻겠사옵나이까
12 우리 조상 야곱이 이 우물을 우리에게 주셨고 또 여기서 자기와 자기 아
들들과 짐승이 다 마셨는데 당신이 야곱보다 더 크니이까
13 예수께서 대답하여 이르시되 이 물을 마시는 자마다 다시 목마르려니와

14 내가 주는 물을 마시는 자는 영원히 목마르지 아니하리니 내가 주는 물
은 그 속에서 영생하도록 솟아나는 샘물이 되리라
15 여자가 이르되 주여 그런 물을 내게 주사 목마르지도 않고 또 여기 물 길
으러 오지도 않게 하옵소서
16 이르시되 가서 네 남편을 불러오라
17 여자가 대답하여 이르되 나는 남편이 없나이다 예수께서 이르시되 네가
남편이 없다 하는 말이 옳도다
18 너에게 남편 다섯이 있었고 지금 있는 자도 네 남편이 아니니 네 말이
참되도다
19 여자가 이르되 주여 내가 보니 선지자로소이다
20 우리 조상들은 이 산에서 예배하였는데 당신들의 말은 예배할 곳이 예루
살렘에 있다 하더이다
21 예수께서 이르시되 여자여 내 말을 믿으라 이 산에서도 말고 예루살렘에
서도 말고 너희가 아버지께 예배할 때가 이르리라
22 너희는 알지 못하는 것을 예배하고 우리는 아는 것을 예배하노니 이는
구원이 유대인에게서 남이라
23 아버지께 참되게 예배하는 자들은 영과 진리로 예배할 때가 오나니 곧
이때라 아버지께서는 자기에게 이렇게 예배하는 자들을 찾으시느니라
24 하나님은 영이시니 예배하는 자가 영과 진리로 예배할지니라
25 여자가 이르되 메시야 곧 그리스도라 하는 이가 오실 줄을 내가 아노니
그가 오시면 모든 것을 우리에게 알려주시리이다
26 예수께서 이르시되 네게 말하는 내가 그라 하시니라
27 이때에 제자들이 돌아와서 예수께서 여자와 말씀하시는 것을 이상히 여
겼으나 무엇을 구하시나이까 어찌하여 그와 말씀하시나이까 묻는 자가
없더라
28 여자가 물동이를 버려두고 동네로 들어가서 사람들에게 이르되
29 내가 행한 모든 일을 내게 말한 사람을 와서 보라 이는 그리스도가 아니냐
하니
30 그들이 동네에서 나와 예수께로 오더라
31 그사이에 제자들이 청하여 이르되 랍비여 잡수소서
32 이르시되 내게는 너희가 알지 못하는 먹을 양식이 있느니라
33 제자들이 서로 말하되 누가 잡수실 것을 갖다 드렸는가 하니
34 예수께서 이르시되 나의 양식은 나를 보내신 이의 뜻을 행하며 그의 일
을 온전히 이루는 이것이니라
35 너희는 넉 달이 지나야 추수할 때가 이르겠다 하지 아니하느냐 그러나

나는 너희에게 이르노니 너희 눈을 들어 밭을 보라 희어져 추수하게 되었도다
36 거두는 자가 이미 삯도 받고 영생에 이르는 열매를 모으나니 이는 뿌리는 자와 거두는 자가 함께 즐거워하게 하려 함이라
37 그런즉 한 사람이 심고 다른 사람이 거둔다 하는 말이 옳도다
38 내가 너희로 노력하지 아니한 것을 거두러 보내었노니 다른 사람들은 노력하였고 너희는 그들이 노력한 것에 참여하였느니라
39 여자의 말이 내가 행한 모든 것을 그가 내게 말하였다 증언하므로 그 동네 중에 많은 사마리아인이 예수를 믿는지라
40 사마리아인들이 예수께 와서 자기들과 함께 유하시기를 청하니 거기서 이틀을 유하시매
41 예수의 말씀으로 말미암아 믿는 자가 더욱 많아
42 그 여자에게 말하되 이제 우리가 믿는 것은 네 말로 인함이 아니니 이는 우리가 친히 듣고 그가 참으로 세상의 구주신 줄 앎이라 하였더라

마음의 문을 열며

예수님께서 이천여 년 전에 만나신 수가 성 여인은 오늘을 사는 우리의 초상이라고 할 수 있습니다. 이 여인은 영육 간에 심한 갈증을 품은 채 살고 있었습니다. 애를 쓸수록 마치 소금물을 마신 것처럼 갈증은 깊어갔고, 해갈되지 못한 채 하루하루 살아가던 그녀의 모습은 세상의 것을 손에 쥐려고 갖은 애를 쓰지만, 가지면 가질수록 더 깊은 갈증을 느끼고, 가지지 못하면 못하는 대로 발버둥을 치는 현대인의 실상과 크게 다르지 않습니다.

오늘 본문은 인간의 모든 갈증은 예수님을 만날 때 비로소 해갈된다는 것을 보여줍니다. 수가 성 여인을 찾아가신 예수님은 지금도 우리의 갈급한 영혼을 두드리고 계십니다. 이 시간 생수 되신 예수님을 만나 우리가 가진 영육의 깊은 갈증이 해갈되는 시간이 되기를 바랍니다.

말씀의 씨를 뿌리며

1. 예수님께서 사마리아 여인에게 요청하신 것은 무엇이며, 이 여인이 예수님의 태도를 이상하게 여긴 이유는 무엇입니까?

• 7~9절

2. 영혼이 심히 갈한 사마리아 여인에게 예수님께서 약속하신 생수는 어떤 특징을 지니고 있습니까?

• 13~14절

3. 인간은 아무리 채워도 만족이 없는 터진 웅덩이 같은 인생을 살고 있습니다(렘 2:13). 여섯 번째 남편과 살면서도 여전히 인생의 갈증에 고통 하던 여인은 예수님이 주시는 생수를 통해 어떻게 영혼의 갈증을 해갈하고 있습니까?

• 23~24절

4. 예수님은 인종적, 지역적 편견을 뛰어넘어 사마리아 여인을 만나주시고, 그녀의 인생에서 근본적인 목마름을 해결해주시고, 영과 진리로 드리는 예배를 통해 생수를 경험하게 하신 분입니다. 당신이 경험하는 예수님은 어떤 분입니까? 당신은 영혼의 목마름을 어떻게 해갈하고 있습니까?

5. 하나님을 영과 진리로 예배하는 것은 이천여 년 전의 사마리아 여인에게나 오늘날 우리들에게나 영혼의 목마름을 해갈하는 가장 우선적인 길입니다. 하나님은 지금도 영과 진리로 예배하는 자들을 찾으십니다. 당신은 영과 진리로 예배하고 있습니까? 그렇지 못하다면 그 이유는 무엇입니까?

6. 다음 글을 읽고 예수님이 우리 영혼의 목마름을 해갈하시는 생수가 되는 것이 삶의 현장에서 어떻게 작용하는지 묵상해보세요.

물은 스며들지 못하는 곳이 없습니다. 아무리 미세한 틈이라도 물은 그 속으로 스며듭니다. 물의 이러한 성질을 상기하면 예수님이 주시는 생명수가 갖는 의미를 좀 더 깊이 파악할 수 있습니다. 영혼이 메마르면 쩍쩍 틈이 벌어지거나 갈라지는 현상이 나타납니다. 우리 눈에 보이는 틈이나 갈라짐은, 우리가 자각하는 상처나 고통이나 갈증일 수 있습니다. 그러나 실제로 우리 눈에 보이지 않는 미세한 틈과 갈라짐이 훨씬 더 많습니다. 겉으로는 드러나지 않아 우리가 선명하게 자각하거나 인지하지는 못하지만 우리의 잠재의식과 무의식에 영향을 줍니다. 이렇게 미세하게 갈라진 틈이야말로 우리가 느끼는 목마름의 원천일 수 있습니다.

7. 인간은 하나님의 형상으로 지음 받은 존재이기 때문에 영적인 문제가 해결되어야만 목마름이 해갈될 수 있습니다. 우리가 이 사실을 주지함에도 불구하고 여전히 물질적인 것으로 목마름을 채우려 애쓰는 이유는 무엇일까요? 당신이 지금 가장 많이 갈증을 느끼는 부분은 무엇입니까? 그리고 어떻게 그 갈증을 해결하고 있습니까?

삶의 열매를 거두며

생수를 경험한 여인의 가장 큰 변화는 자발성이었습니다. 사람을 피하던 인생이 생수를 경험하고 나서는 사람들에게 생수의 근원이신 예수님을 소개하는 인생으로 바뀌었습니다. 이런 태도는 생수 되시는 예수님을 먹고 마심으로 해갈된 자만이 보일 수 있는 것입니다. 당신은 가족과 이웃에게 예수님이 진정 내 목마름의 해결자이심을 분명하게 소개할 수 있습니까? 예수님이 내 삶에서 영생하도록 솟아나는 생수 되심을 고백하고 그렇게 살기로 결심하는 기도를 드립시다.

Lesson 7

네가 낫고자 하느냐?

요한복음 5:1~18

1 그 후에 유대인의 명절이 되어 예수께서 예루살렘에 올라가시니라
2 예루살렘에 있는 양문 곁에 히브리 말로 베데스다라 하는 못이 있는데
거기 행각 다섯이 있고
3 그 안에 많은 병자, 맹인, 다리 저는 사람, 혈기 마른 사람들이 누워 [물의
움직임을 기다리니
4 이는 천사가 가끔 못에 내려와 물을 움직이게 하는데 움직인 후에 먼저
들어가는 자는 어떤 병에 걸렸든지 낫게 됨이러라]
5 거기 서른여덟 해 된 병자가 있더라
6 예수께서 그 누운 것을 보시고 병이 벌써 오래된 줄 아시고 이르시되 네가
낫고자 하느냐
7 병자가 대답하되 주여 물이 움직일 때에 나를 못에 넣어주는 사람이 없
어 내가 가는 동안에 다른 사람이 먼저 내려가나이다
8 예수께서 이르시되 일어나 네 자리를 들고 걸어가라 하시니
9 그 사람이 곧 나아서 자리를 들고 걸어가니라 이날은 안식일이니
10 유대인들이 병 나은 사람에게 이르되 안식일인데 네가 자리를 들고 가는
것이 옳지 아니하니라
11 대답하되 나를 낫게 한 그가 자리를 들고 걸어가라 하더라 하니
12 그들이 묻되 너에게 자리를 들고 걸어가라 한 사람이 누구냐 하되
13 고침을 받은 사람은 그가 누구인지 알지 못하니 이는 거기 사람이 많으
므로 예수께서 이미 피하셨음이라
14 그 후에 예수께서 성전에서 그 사람을 만나 이르시되 보라 네가 나았으
니 더 심한 것이 생기지 않게 다시는 죄를 범하지 말라 하시니
15 그 사람이 유대인들에게 가서 자기를 고친 이는 예수라 하니라

16 그러므로 안식일에 이러한 일을 행하신다 하여 유대인들이 예수를 박해
하게 된지라
17 예수께서 그들에게 이르시되 내 아버지께서 이제까지 일하시니 나도 일
한다 하시매
18 유대인들이 이로 말미암아 더욱 예수를 죽이고자 하니 이는 안식일을
범할 뿐만 아니라 하나님을 자기의 친아버지라 하여 자기를 하나님과
동등으로 삼으심이러라

마음의 문을 열며

아담의 후손으로 원죄를 가지고 태어난 모든 인간은 예외 없이 고 질병이 있습니다. 육신의 질병은 물론이요, 정신적이거나 영적인 병을 적어도 하나씩은 가지고 있습니다. 모든 것이 건강해 보인다 해도 실상은 질병이 그 이면에 깊숙이 숨겨져 있을 뿐입니다.

오늘 본문은 세상이 외면한 절망적 인간을 예수님께서 얼마나 깊이 만져주시고 치유하시는지를 보여줍니다. 누구에게도 말할 수 없는 깊은 질병으로 고통 하는 모든 이들을 예수님께서 찾아오셔서 "네가 낫고자 하느냐"라고 묻고 계십니다. 이 물음에 진정으로 반응하여 고통 하는 영육의 모든 질병에서 치유함을 받는 시간이 되기를 바랍니다.

말씀의 씨를 뿌리며

1. 베데스다 못가에 있는 38년 된 병자에게 예수님께서 하신 말씀은 무엇입니까?

• 6절

2. 병자는 예수님의 질문에 어떻게 대답했습니까?

• 7절

3. "네가 낫고자 하느냐"라는 예수님의 질문에 병자는 적절하지 못한 대답을 하고 있습니다. 그럼에도 불구하고 예수님은 깊은 긍휼로 그의 병을 치유하십니다. 예수님께서 병자를 고치시는 처방은 무엇입니까?

• 8절

• 14절

4. 고침을 받은 자가 내디뎌야 할 가장 우선적인 첫걸음은 더 이상 죄를 짓지 않는 것입니다. 예수님께서 성전에서 다시 만난 그 병자에게 "더 심한 것이 생기지 않게 다시는 죄를 범하지 말라"고 말씀하신 이유는 무엇이라고 생각합니까? (참고/ 마 9:2; 약 5:16)

5. 우리는 38년 된 병자처럼 각자의 고질병을 가지고 있습니다. 죄성을 가진 인간이기에 누구도 예외가 없습니다. 38년 된 병자는 예수님의 말씀을 듣고 자신이 의지하던 자리를 들고 일어났습니다. 그렇다면 우리가 들고 일어나야 할 자리는 무엇입니까? 하나님의 치료를 간절히 구하는 마음으로 심중의 문제를 나누어봅시다.

6. 다음 글을 읽고 죄성을 가진 인간이 육신이나 마음의 고질병으로부터 일어서기 위해 예수님을 어떻게 절대적으로 받아들여야 하는지를 묵상해봅시다.

진정한 신앙은 부차적인 것이 아니라 예수님만 붙잡는, 좋은 의미에서 외골수적인 신앙입니다. 그러면 내 신앙이 부차적인 것이 아니라 예수님 자체를 받아들이는 신앙인지 아닌지를 어떻게 알 수 있을까요? 내 삶에서 예수님 이외의 모든 것이 상대적인지 절대적인지를 판단해보면 됩니다. 예수님만을 붙잡는 신앙은 어떤 환경도, 어떤 고난도, 어떤 상처도 더 이상 절대적이지 않고 상대적일 뿐입니다.

내 신앙이 부차적인 것이 아니라 예수님 자체를 받아들이는 신앙인지 아닌지, 예수님을 절대적으로 여기는지 상대적으로 여기는지 분별할 수 있는 좀 더 실제적인 예를 들어봅시다. 지금 여러분이 가지고 있는 것 중에서 아끼는 것이 무엇입니까? 비싼 시계일 수도 있고 반지일 수도 있습니다. 혹은 멋진 지갑이나 만년필일 수도 있습니다. 여러분 중에서 대부분은 자기가 아끼던 것을 잃어버린 경험이 한 번쯤은 있을 것입니다. 하룻밤이 지나도 속상한 마음이 풀리지 않을 것입니다. 그런데 하루 종일 말씀을 읽지 않고 기도를 하지 않아도, 입술에 찬양 없이 하루를 지낸 후에도, 그것 때문에 얼마나 마음이 아프고 괴로웠습니까? 삶에서 예수님을 내어버리고도 소중품 하나를 잃어버린 것만큼도 마음이 아프지 않다면, 예수님이 내 삶에서 어떤 존재인지, 내 신앙이 부차적인 것에 중심추가 가 있지는 않은지 자신의 신앙을 돌아봐야 합니다. 2)

7. 우리가 고질병의 자리, 중독의 자리에서 일어나기 위해서는 "네 자리를 들고 걸어가라"는 주님의 말씀을 듣고, 자신을 향해 "지금 네 자리에서 일어나라"고 선포해야 합니다. 주님의 음성을 듣는 것을 방해하거나 자신에게 "네 자리를 들고 일어나라"는 선포를 하지 못하게 방해하는 것이 있다면 무엇입니까?

삶의 열매를 거두며

우리는 38년 된 병자처럼 더 이상 혼자서는 일어설 수도 없고, 치료의 연못 속으로 걸어 들어갈 힘도 없이 살아갈 때가 있습니다. 그러다 보니 마음에 가득한 상처가 자신과 가족을 더욱 상하게 할 때가 많습니다. 그러나 예수님은 인생의 모든 고질병을 치료하실 수 있습니다. 낫기를 원하는 간절한 마음을 가지고 주님 앞에 나아갑시다. 이제 다시는 중독의 죄를 범하지 않도록 결단하는 기도를 드립시다.

Lesson 8

오병이어와 쓰임받는 인생

요한복음 6:1~15, 32~35

1 그 후에 예수께서 디베랴의 갈릴리 바다 건너편으로 가시매
2 큰 무리가 따르니 이는 병자들에게 행하시는 표적을 보았음이러라
3 예수께서 산에 오르사 제자들과 함께 거기 앉으시니
4 마침 유대인의 명절인 유월절이 가까운지라
5 예수께서 눈을 들어 큰 무리가 자기에게로 오는 것을 보시고 빌립에게
이르시되 우리가 어디서 떡을 사서 이 사람들을 먹이겠느냐 하시니
6 이렇게 말씀하심은 친히 어떻게 하실지를 아시고 빌립을 시험하고자
하심이라
7 빌립이 대답하되 각 사람으로 조금씩 받게 할지라도 이백 데나리온의 떡
이 부족하리이다
8 제자 중 하나 곧 시몬 베드로의 형제 안드레가 예수께 여짜오되
9 여기 한 아이가 있어 보리떡 다섯 개와 물고기 두 마리를 가지고 있나이
다 그러나 그것이 이 많은 사람에게 얼마나 되겠사옵나이까
10 예수께서 이르시되 이 사람들로 앉게 하라 하시니 그곳에 잔디가 많은지
라 사람들이 앉으니 수가 오천 명쯤 되더라
11 예수께서 떡을 가져 축사하신 후에 앉아 있는 자들에게 나눠주시고 물고
기도 그렇게 그들의 원대로 주시니라
12 그들이 배부른 후에 예수께서 제자들에게 이르시되 남은 조각을 거두고
버리는 것이 없게 하라 하시므로
13 이에 거두니 보리떡 다섯 개로 먹고 남은 조각이 열두 바구니에 찼더라
14 그 사람들이 예수께서 행하신 이 표적을 보고 말하되 이는 참으로 세상
에 오실 그 선지자라 하더라
15 그러므로 예수께서 그들이 와서 자기를 억지로 붙들어 임금으로 삼으려
는 줄 아시고 다시 혼자 산으로 떠나가시니라

32 예수께서 이르시되 내가 진실로 진실로 너희에게 이르노니 모세가 너희에
게 하늘로부터 떡을 준 것이 아니라 내 아버지께서 너희에게 하늘로부터
참 떡을 주시나니
33 하나님의 떡은 하늘에서 내려 세상에 생명을 주는 것이니라
34 그들이 이르되 주여 이 떡을 항상 우리에게 주소서
35 예수께서 이르시되 나는 생명의 떡이니 내게 오는 자는 결코 주리지 아
니할 터이요 나를 믿는 자는 영원히 목마르지 아니하리라

마음의 문을 열며

"믿지 않는 사람들과 성도는 무엇이 다른가?"라는 질문은 주님을 다시 만나는 그날까지 그리스도인으로서 우리가 씨름하며 풀어야 할 숙제입니다. 오늘 본문은 이 질문에 대한 답을 제시하고 있습니다. 세상은 얼마나 더 가지느냐로 씨름하지만, 성도는 얼마나 더 쓰임받을 수 있느냐로 고민합니다.

오병이어 사건은 소유에 대한 세상적 가치에 중독된 우리의 생각을 해독하고, 진정 후회 없는 인생을 살게 하는 하늘나라의 복된 비밀을 보게 합니다. 오늘 본문을 통하여 형제와 이웃을 위해 자신의 것을 기꺼이 하나님께 내어놓는 인생에게 하나님께서 부어주시는 복이 무엇인지 깨닫는 은혜가 있기를 바랍니다.

말씀의 씨를 뿌리며

1. 예수님의 말씀을 들으려고 벳새다 들판에 허기진 사람들이 모였을 때, 그들을 먹이려는 예수님께서 제자들에게 어떤 말씀을 하셨으며 이에 제자들은 어떻게 답했는지 찾아 기록해보세요.

• 5~9절

2. 성경에 나타난 빌립과 안드레의 생각은 소유에 대한 세상적인 가치관을 반영하고 있습니다. 빌립과 안드레의 대답 속에 녹아 있는 세상적인 관점은 무엇입니까? 만일 당신이 현장에서 예수님의 요청을 들었다면 어떻게 반응했을 것이라고 생각합니까?

• 7~9절

3. 예수님께 오병이어를 가져오면서도 여전히 세상적인 상식에 붙잡혀 '이것을 가지고 도대체 무엇을 하실 수 있을까?' 의심하는 안드레의 모습은 우리의 모습이기도 합니다. 그러나 중요한 것은 안드레가 예수님의 말씀에 귀를 기울이고 순종했다는 것입니다. 안드레가 말씀에 순종하여 가져온 오병이어를 예수님은 어떻게 활용하십니까?

• 11절

4. 예수님은 사람들이 배불리 먹고 남은 조각을 거두어서 버리는 일이 없도록 하셨습니다. 부스러기조차 소중히 여기시는 예수님의 의도에서 우리가 읽고 헤아려야 할 것은 무엇인지 생각해봅시다. (참고/ 고전 12:22~23)

5. 이백 데나리온의 떡이라도 부족할 것이라고 말한 빌립에게서 비관적 합리주의자의 면모를 읽어낼 수 있다면, 계산적으로는 부족해 보였지만 그럼에도 먼저 예수님께 오병이어를 들고 간 안드레에게서는 목자의 심정을 느낄 수 있습니다. 우리가 교회 안팎에서 안드레와 같이 목자의 심정으로 섬길 수 있는 일들을 생각해보고 나누어봅시다.

6. 다음 글을 읽고 목자의 심정으로 내가 가진 오병이어를 드릴 때 어떤 일이 일어나는지 생각해보세요.

양화진의 선교사 묘지는 영적인 오병이어가 발현된 증거입니다. 양화진은 이 땅에 기독교의 터를 닦은 언더우드(Underwood), 복음을 위한 순교정신의 정수를 보인 로제타 홀(Rosetta Sherwood Hall), 그리고 기독교 민족주의를 몸으로 보여준 헐버트(Hulbert) 등 기라성 같은 신앙의 선배들이 묻혀 있는 곳입니다. 복음의 황무지인 조선에 믿음의 꿈을 품고 찾아왔으나, 어떤 이는 발을 디딘 지 얼마 안 되어 선교의 뜻을 펼치지도 못한 채 세상을 떠났습니다. 어떤 이는 어린 자녀들을 앞서 보냈으며, 어떤 이는 남편을 먼저 떠나보냈습니다. 그럼에도 이들이 흘린 순교의 피와 땀은 영적인 오병이어가 되어 오늘날 천만 성도의 열매를 맺었습니다. 그들은 양화진의 땅 속에 묻혀 있지만, 복음의 열정으로 끓어오른 심장에서 흘린 뜨거운 피는 차가운 이 땅을 녹였고, 오늘날 우리나라가 세계선교의 대국으로 발돋움하는 희생의 밀알이 되었습니다. 그러므로 양화진은, 한 알의 밀이 땅에 떨어져 죽으면 많은 열매를 맺는다는 예수님의 말씀이 그대로 실현된, 오병이어의 역사적 현장입니다.

7. 오병이어의 사건은 작은 것이라도 주님께 내어드릴 때 주님이 축사하고 사용하시면 기적을 일으키는 도구가 될 수 있다는 사실을 보여줍니다. 지금 내게 있는 것 중에서 주님께 내어드려 축사하심으로 기적을 일으키는 데 사용되어야 할 오병이어는 무엇입니까?

삶의 열매를 거두며

주님은 나의 오병이어를 드릴 때, 축사하시고 기적을 베푸는 일에 사용하십니다. 내게 없는 이백 데나리온을 한탄하거나, 없음을 불평하는 인생이 아니라 내게 있는 것을 주님께 내어드림으로 주님이 친히 축사하시고 기적을 일으키시는 역사를 경험하는 인생이 되게 해달라고 기도드립시다.

Lesson 9

썩을 양식을 위하여 일하지 말라

요한복음 6:22~29

22 이튿날 바다 건너편에 서 있던 무리가 배 한 척 외에 다른 배가 거기 없
는 것과 또 어제 예수께서 제자들과 함께 그 배에 오르지 아니하시고 제
자들만 가는 것을 보았더니
23 (그러나 디베랴에서 배들이 주께서 축사하신 후 여럿이 떡 먹던 그곳에
가까이 왔더라)
24 무리가 거기에 예수도 안 계시고 제자들도 없음을 보고 곧 배들을 타고
예수를 찾으러 가버나움으로 가서
25 바다 건너편에서 만나 랍비여 언제 여기 오셨나이까 하니
26 예수께서 대답하여 이르시되 내가 진실로 진실로 너희에게 이르노니 너
희가 나를 찾는 것은 표적을 본 까닭이 아니요 떡을 먹고 배부른 까닭이
로다
27 썩을 양식을 위하여 일하지 말고 영생하도록 있는 양식을 위하여 하라
이 양식은 인자가 너희에게 주리니 인자는 아버지 하나님께서 인 치신
자니라
28 그들이 묻되 우리가 어떻게 하여야 하나님의 일을 하오리이까
29 예수께서 대답하여 이르시되 하나님께서 보내신 이를 믿는 것이 하나님
의 일이니라 하시니

마음의 문을 열며

오늘날 교회를 다니는 신자들 중에는 복 받기 위해 예수님을 믿는 경우가 적지 않습니다. 예수님을 믿으면 사업이 잘되고, 자녀들의 장래가 열리며, 세상적인 고난이나 어려움은 피할 수 있고, 큰 화를 면할 수 있다는 생각을 가지고 교회에 다니는 것입니다. 물론 우리는 이런 문제가 있을 때마다 복이 근원 되시고, 만병의 의원 되시는 예수님께 나아가야 합니다. 그러나 이는 우리가 예수님을 믿는 우선적인 이유가 아닙니다.

오늘 본문은 우리가 예수님을 찾아야 하는 분명한 이유를 말씀해주고 있습니다. 말씀을 통해 우리가 왜 예수님을 믿는지, 예수님께 나아가는 이유는 무엇인지, 예수님께서 우리에게 요구하시는 것은 무엇인지에 대한 선명한 해답을 얻는 시간이 되기를 바랍니다.

말씀의 씨를 뿌리며

1. 무리가 예수님을 찾아다닌 이유는 무엇입니까?

• 26절

2. 세상적이고 이기적인 목적으로 예수님을 찾았던 그들에게 예수님은 어떤 말씀을 주셨습니까? 다음 네 가지로 정리해보세요.

• 27절

• 금지하신 것

• 명령하신 것

• 약속하신 것

• 선포하신 것

3. 이 땅을 살아가는 인생에게 육의 양식은 필수불가결한 요소입니다. 예수님께서도 무리의 허기짐을 불쌍히 여기시고 오병이어로 배불리 먹이셨습니다. 그럼에도 예수님께서 썩을 양식을 위하여 일하지 말고 영생하도록 있는 양식을 위하여 일하라고 말씀하신 이유는 무엇인지 우선순위의 관점에서 생각해보세요. (참고/ 마 4:4)

• 27절

• 마 4:4

4. "어떻게 하여야 하나님의 일을 하오리이까?"라는 질문의 밑바닥에는 행함이 하나님의 나라로 들어가는 유일한 길이라는 유대인의 공로 의식이 깔려 있습니다. 이에 대해 예수님은 행함이 아니라 하나님이 보내신 이를 믿는 것이 하나님의 일이라고 대답하고 있습니다. 유대인의 질문과 예수님의 대답을 통해 당신이 생각하는 하나님의 일을 말해보세요. 또 행함으로 하나님의 일을 하고 있다는 생각을 할 때 오는 위험은 무엇입니까? (참고/ 마 6:5)

• 29절

5. 우리가 썩을 양식이 아니라 영의 양식을 취하기 위해 가장 먼저 해야 할 것은 예수님을 바로 믿는 것입니다. 그러나 믿음은 관념적인 수준에만 머물지 않습니다. 내가 가진 믿음이 올바른 믿음인지 다음 구절을 통해 정리해보세요.

• 약 2:22

• 살후 1:11

6. 다음 글을 통해 육신의 양식을 탐닉한 자의 몰골을 보고, 현재의 나는 얼마나 세상의 양식에서 자유한지 생각해봅시다.

성경에는 세상의 양식을 탐욕으로 취하다가 고통당한 사람들을 여럿 기록하고 있습니다. 아브라함의 조카 롯은 유토피아처럼 보였던 탐욕의 도시 소돔을 택했다가 온 가족이 크게 고통을 당했습니다. 여호수아 시대에 아간은 하나님께 바쳐진 물건을 탐하다가 가문이 몰락하는 화를 당했습니다. 선지자 엘리사의 시종이었던 게하시는 거짓말로 남의 물건을 탐하다가 나병에 걸렸습니다. 신약에서는 대표적으로 가룟 유다가 있습니다. 그는 육신의 양식인 돈에 눈이 멀어 예수님을 은 삼십에 판 후 양심의 고통을 감당하지 못하여 스스로 목숨을 끊는 비극을 초래했습니다.
이처럼 탐욕으로 세상의 양식을 취하다가 고통 하고, 비참한 비극을 맞게 된 사람들을 성경에 상세하게 기록한 이유가 있습니다. 탐욕으로 세상의 양식을 탐한 인생의 결과가 어떠한지를 생생하게 보여주기 위함입니다. 세상의 양식에 눈이 먼 자는 영적으로 맹인과 같습니다. 가룟 유다는 예수님을 삼 년이나 따라다녔지만, 여전히 육신의 양식에 눈이 멀어 있었던 사람입니다. 그 결과 예수님이 주신 어떤 교훈과 경고도 그의 귀에 들어오지 않았습니다. 삼 년을 예수님과 밤낮으로 함께했지만, 도무지 예수님의 말씀을 영적으로 이해할 수가 없었던 것입니다. 오늘날 우리 주변에도 세상의 탐욕에 취하여 영적으로 무지몽매한 사람들이 적지 않습니다. 아무리 말해도 세상의 양식에 눈이 돌아가 있기 때문에 영적인 말귀를 알아듣지 못합니다.

7. 그리스도인들 가운데 하나님을 위해 뭔가를 해야만 하나님의 일을 하는 것으로 생각하는 사람들이 있습니다. 당신은 믿는 것이 하나님의 일이라는 말씀을 분명히 깨달아 알고 있습니까? 어떻게 그런 깨달음에 이르게 되었는지 서로 나누어보세요.

삶의 열매를 거두며

믿음이 하나님의 일이라는 생각을 가지고 있는 사람은 적당히 일을 할 수가 없습니다. 설사 세상적으로는 비천한 일을 한다고 하더라도 믿음으로 그 일을 한다면 그 일은 하나님의 일이기 때문입니다. 가족에게 말 한마디를 하더라도 믿음으로 하면 그것이 하나님의 일이기 때문에 상처 주는 말을 할 수가 없습니다. 사소한 생각이나 말 한마디도 하나님의 일임을 깨닫고 행할 수 있게 해달라고 간구하십시오. 그리고 그렇게 살겠다고 다짐하는 기도를 드리십시오.

Lesson 10

생명의 떡을 먹으라

요한복음 6:30~58

30 그들이 묻되 그러면 우리가 보고 당신을 믿도록 행하시는 표적이 무엇이
니이까, 하시는 일이 무엇이니이까
31 기록된 바 하늘에서 그들에게 떡을 주어 먹게 하였다 함과 같이 우리 조
상들은 광야에서 만나를 먹었나이다
32 예수께서 이르시되 내가 진실로 진실로 너희에게 이르노니 모세가 너희
에게 하늘로부터 떡을 준 것이 아니라 내 아버지께서 너희에게 하늘로
부터 참 떡을 주시나니
33 하나님의 떡은 하늘에서 내려 세상에 생명을 주는 것이니라
34 그들이 이르되 주여 이 떡을 항상 우리에게 주소서
35 예수께서 이르시되 나는 생명의 떡이니 내게 오는 자는 결코 주리지 아
니할 터이요 나를 믿는 자는 영원히 목마르지 아니하리라
36 그러나 내가 너희에게 이르기를 너희는 나를 보고도 믿지 아니하는도다
하였느니라
37 아버지께서 내게 주시는 자는 다 내게로 올 것이요 내게 오는 자는 내가
결코 내쫓지 아니하리라
38 내가 하늘에서 내려온 것은 내 뜻을 행하려 함이 아니요 나를 보내신 이
의 뜻을 행하려 함이니라
39 나를 보내신 이의 뜻은 내게 주신 자 중에 내가 하나도 잃어버리지 아니
하고 마지막 날에 다시 살리는 이것이니라
40 내 아버지의 뜻은 아들을 보고 믿는 자마다 영생을 얻는 이것이니 마지
막 날에 내가 이를 다시 살리리라 하시니라
41 자기가 하늘에서 내려온 떡이라 하시므로 유대인들이 예수에 대하여 수
군거려

42 이르되 이는 요셉의 아들 예수가 아니냐 그 부모를 우리가 아는데 자기
가 지금 어찌하여 하늘에서 내려왔다 하느냐
43 예수께서 대답하여 이르시되 너희는 서로 수군거리지 말라
44 나를 보내신 아버지께서 이끌지 아니하시면 아무도 내게 올 수 없으니
오는 그를 내가 마지막 날에 다시 살리리라
45 선지자의 글에 그들이 다 하나님의 가르치심을 받으리라 기록되었은즉
아버지께 듣고 배운 사람마다 내게로 오느니라
46 이는 아버지를 본 자가 있다는 것이 아니니라 오직 하나님에게서 온 자
만 아버지를 보았느니라
47 진실로 진실로 너희에게 이르노니 믿는 자는 영생을 가졌나니
48 내가 곧 생명의 떡이니라
49 너희 조상들은 광야에서 만나를 먹었어도 죽었거니와
50 이는 하늘에서 내려오는 떡이니 사람으로 하여금 먹고 죽지 아니하게 하
는 것이니라
51 나는 하늘에서 내려온 살아 있는 떡이니 사람이 이 떡을 먹으면 영생하
리라 내가 줄 떡은 곧 세상의 생명을 위한 내 살이니라 하시니라
52 그러므로 유대인들이 서로 다투어 이르되 이 사람이 어찌 능히 자기 살
을 우리에게 주어 먹게 하겠느냐
53 예수께서 이르시되 내가 진실로 진실로 너희에게 이르노니 인자의 살을
먹지 아니하고 인자의 피를 마시지 아니하면 너희 속에 생명이 없느니라
54 내 살을 먹고 내 피를 마시는 자는 영생을 가졌고 마지막 날에 내가 그를
다시 살리리니
55 내 살은 참된 양식이요 내 피는 참된 음료로다
56 내 살을 먹고 내 피를 마시는 자는 내 안에 거하고 나도 그의 안에 거하
나니
57 살아 계신 아버지께서 나를 보내시매 내가 아버지로 말미암아 사는 것같
이 나를 먹는 그 사람도 나로 말미암아 살리라
58 이것은 하늘에서 내려온 떡이니 조상들이 먹고도 죽은 그것과 같지 아니
하여 이 떡을 먹는 자는 영원히 살리라

마음의 문을 열며

이 세상은 떡(양식)의 전쟁터입니다. 그리스도인의 삶은 육신의 떡만을 먹던 인생에서 영혼의 떡, 생명의 떡을 먹고 의지하는 수준으로 변화되는 과정입니다. 신앙의 연수가 더해갈수록 자신이 예수님을 제대로 믿고 있는지 그렇지 않은지를 점검해볼 수 있는 시금석이 있습니다. 세상의 떡을 더 의존하고 있는가, 아니면 생명의 떡에 의존하는 삶이 더 커지는가를 점검해보는 것입니다.

오늘 본문은 신앙의 연수가 더해갈수록 생명의 떡을 먹는 것이 왜, 그리고 얼마나 중요한지, 어떻게 하면 생명의 떡을 더 잘 먹을 수 있는지를 가르쳐줍니다. 오늘 말씀을 통해 세상의 떡에 중독된 우리 몸과 마음이 하늘의 떡, 생명의 떡을 더 바라고 사모하는 체질로 변화되는 역사가 나타나기를 바랍니다.

말씀의 씨를 뿌리며

1. 무리들은 예수님께 어떤 질문을 던졌습니까?

- 요 6:25

- 요 6:28

- 30~31절

2. 믿을 수 있는 표적을 보여달라는 유대인의 요청에 예수님은 어떻게 답하셨습니까?

- 32~33절

3. 육신의 떡과 하늘로부터 내려주시는 생명의 떡의 특징은 각각 무엇입니까?

• 35절

• 53절

4. 예수님께 나아가 생명의 떡을 먹는 사람의 삶에는 변화가 있습니다. 성경은 생명의 떡을 먹는 사람이 경험하는 변화에 대해 어떻게 말씀하고 있습니까? 이 말씀에 비추어볼 때 당신은 생명의 떡인 예수님의 살을 먹고, 예수님의 피를 마시는 자입니까? 그렇지 않다면 그 이유는 무엇이라고 생각합니까?

• 56절

• 요 6:26

5. 하나님께서 생명의 떡을 얻기 위해 예수님께로 나아오는 자에게 보장해주신 것들을 살펴보고, 왜 우리의 구원이 확실한지 생각해봅시다(참고/ 롬 8:31~34). 어떻게 하면 이 확실한 은혜를 쏟지 않고 일평생 감사하고 감격하는 삶을 충성스럽게 살아갈 수 있을까요?

• 37절

• 39절

• 40절

6. 다음 글을 읽고 육신의 떡보다 생명의 떡을 먼저 구하는 것이 이 땅에서 신앙인이 제대로 살아가기 위한 영적인 기본 질서라는 사실을 묵상해보세요.

> 사탄이 첫째 아담을 시험할 때에도, 그리고 둘째 아담이신 예수님을 시험할 때에도 가장 먼저 시험한 것은 똑같이 먹는 문제, 소위 떡의 문제였습니다. 사탄이 최초의 인간을 시험한 질문이 무엇입니까? "하나님이 참으로 너희에게 동산 모든 나무의 열매를 먹지 말라 하시더냐"(창 3:1b) 사탄은 먹는 문제로 아담과 하와

를 시험했습니다. 사탄이 예수님을 시험할 때, 가장 먼저 제시한 것 또한 "이 돌들로 떡덩이가 되게 하라"(마 4:3b)는 먹는 문제였습니다. 첫째 아담은 먹는 문제를 육신적으로만 바라보았기 때문에 인류 역사에 참혹한 비극을 초래했습니다. 둘째 아담이신 예수님은 먹는 문제를 영적으로 바라보았기 때문에 인류에게 구원의 문을 열어놓았습니다. 우리 역시 세상으로부터 시시각각 이런 유혹을 받고 있습니다. "이것을 먹기만 하면 너는 네가 원하는 존재가 될 수 있어. 주저하지 말고 집어 먹어." "이것만 먹으면 너는 출세하게 될 거야. 이것만 집어 삼키면 너는 세상이 우러러보는 대단한 존재가 될 거야. 이것만 움켜쥐고 먹으면 너는 더 이상 세상에서 무시당하지 않아. 너를 우습게 보는 세상을 짓밟고 일어설 수 있어." 아담과 하와처럼 먹는 문제를 육신의 눈으로만 보는 순간, 우리 역시 시험에 드는 비참한 말로를 맞을 수밖에 없습니다.

7. 육신의 몸을 입은 우리가 생명의 떡을 먹는다는 것은, 예수님의 살을 먹고 피를 마시는 것입니다. 이것은 일상에서 말씀을 읽는 것이요, 예수님의 지극한 십자가의 사랑을 깨닫고 되새김질하고 묵상하는 것입니다. 그럴 때 우리 삶에서 생명의 떡이신 예수님의 능력이 나타날 수 있습니다. 어떻게 하면 좀 더 생명의 떡이신 예수님을 먹고 마실 수 있을까요? 함께 고민하고 각자의 생각을 나누어봅시다.

삶의 열매를 거두며

생명의 떡을 먹고 사는 자는 육신의 떡으로만 만족하는 사람과 다를 수밖에 없습니다. "나는 예수님만으로 참 만족을 누리네. 세상 영광 다 준대도 주님과 못 바꾸네"라는 찬송 가사는 생명의 떡을 먹고 사는 사람들의 고백이라고 할 수 있습니다. 지금 당신은 예수님만으로 얼마나 만족하는 삶을 살고 있습니까? 여전히 허기진 삶을 살고 있다면 자신의 신앙생활을 돌아보고, 이제부터는 생명의 떡이신 예수님을 먹고 살아가겠나는 결단의 기도를 드립시다.

Lesson 11

생수의 강이 흘러넘치리라

요한복음 7:37~39

37 명절 끝날 곧 큰 날에 예수께서 서서 외쳐 이르시되 누구든지 목마르거
든 내게로 와서 마시라
38 나를 믿는 자는 성경에 이름과 같이 그 배에서 생수의 강이 흘러나오리
라 하시니
39 이는 그를 믿는 자들이 받을 성령을 가리켜 말씀하신 것이라 (예수께서
아직 영광을 받지 않으셨으므로 성령이 아직 그들에게 계시지 아니하시
더라)

마음의 문을 열며

신앙생활은 의존과 순종의 관계를 통해 하나님의 무한하신 자원에 참여하는 것이라고 정의할 수 있습니다. 피조물이요 연약하고 죄 많은 인생이 창조주 하나님께 의존할 수 있다는 것은 엄청난 특권입니다. 동시에 순종은 하나님 나라를 건설하는 데 필요한 가장 중요한 핵심요소 중 하나입니다. 견고한 의존과 순종의 관계를 형성하는 것은 인간의 자의적이고, 자력적인 방식만으로는 한계가 있을 수밖에 없습니다. 하늘로부터 오는 능력을 받아야 합니다. 오늘 본문은 이 힘이 어디에서 누구로부터 오는지를 알려줍니다. 말씀 속에서 성령의 생수를 경험함으로 개인적으로, 가정적으로, 교회적으로 의존과 순종의 능력을 확보하는 시간이 되기를 바랍니다.

말씀의 씨를 뿌리며

1. 명절 끝날 예수님께서 예루살렘 성전 문 앞에서 외치신 말씀은 무엇입니까?

• 37~38절

2. 그 배에서 생수의 강이 흘러넘치기 위한 세 가지 필요조건은 무엇입니까?

• 37~38절

3. 생수의 강은 성령을 의미합니다(39절). 성령이 일으키시는 역사의 특징을 한마디로 보여주는 단어를 찾아보십시오(38절). 그리고 성경의 다른 곳에서는 성령이 일으키시는 역사를 어떻게 표현하고 있는지 찾아보십시오.

• 38절

• 행 2:17

• 행 10:45

4. 뻘 속에 갇힌 배를 구해내는 비결은 억지로 배를 끌어내는 것이 아니라 강력한 밀물이 들어오게 하는 것입니다. 우리 인생의 배도 마찬가지입니다. 사면초가의 위기에 갇혀 꼼짝할 수 없는 상황이 해결되는 비결은 성령의 밀물이 들어오는 길밖에 없습니다. 어떻게 하면 성령의 충만한 역사를 경험할 수 있을까요?

• 행 2:38

• 행 5:32

• 눅 11:13

5. 성경은 예수님을 믿는 자는 그 배에서 생수의 강이 흘러날 것이라고 분명하게 말씀하십니다. 그렇다면 하나님께서 우리에게 성령 충만을 주시는 목적은 무엇이라고 생각합니까? (참고/ 요 14:26; 행 1:8)

6. 다음 글을 읽고 성령께서 나를 제한 없이 사용하신다는 것이 무슨 뜻인지 묵상해보세요.

"성령께서 나를 제한 없이 사용해주옵소서"라는 말은 마치 나를 성령님의 연장통 속에 두고 마음껏 사용하시라는 말과 같습니다. 성령님의 연장통 속에 나를 넣고 펜치가 필요하면 펜치로, 드라이버가 필요하면 드라이버로, 망치가 필요하면 망치로 나를 사용해달라는 말입니다. 어떤 사람이 "나를 펜치나 드라이버로는 사용하지 마시고 망치로만 사용해주세요"라고 말한다면, 그것은 실제로 나를 제한 없이 사용해달라는 기도와 맞지 않습니다. 중요한 것은 성령님의 손에 붙잡힌 망치나 드라이버나 펜치를 통해서는, 사람이 생각할 수 없는 일이 일어난다는 사실입니다. 인간적으로는 도무지 불가능해 보이는, 죄를 깨뜨리는 망치가 되기도 하고, 몇 개월, 몇 년 동안 닫혀 있던 용서의 문을 여는 드라이버가 될 수도 있는 것입니다. 성령께 나를 제한 없이 사용해달라고 기도하는 순간 자기 자신 역시 성령께 내어놓는 것이 중요합니다.

7. 자기 빈곤과 자신의 갈증과 자신의 부족함을 절실히 느끼는 자만이 하나님께서 주시는 영혼의 생수를 경험할 수 있습니다. 내 속에 예수님의 생수가 흐르는지 점검할 수 있는 점검표가 있습니다. 첫째는 평안의 점검표요, 둘째는 감사의 점검표입니다. 이 두 가지 관점으로 볼 때 당신에게는 생수가 흘러넘치고 있습니까?

삶의 열매를 거두며

세상은 삶의 메마름을 해소하기 위해 쇼핑을 하거나 문화생활에 의존합니다. 그러나 신자는 영혼의 목마름으로 해갈이 필요할 때, 값없이 주시는 생수 되신 예수님께 나아가기만 하면 됩니다. 우리에게 목마름을 해갈하는 다른 길이 있거나, 다른 길을 찾고 있다면, 이미 신자의 길에서 벗어나고 있는 것입니다. 성령께서 나를 장악하셔서 의존과 순종의 관계 속에서 하나님 나라를 위해 한계 없이 쓰임받는 인생이 되도록 나를 내어드리며 결심하는 기도를 드립시다.

Lesson 12

가서 다시는 죄를 범치 말라

요한복음 8:1~12, 31~32

1 예수는 감람 산으로 가시니라
2 아침에 다시 성전으로 들어오시니 백성이 다 나아오는지라 앉으사 그들
을 가르치시더니
3 서기관들과 바리새인들이 음행 중에 잡힌 여자를 끌고 와서 가운데 세
우고
4 예수께 말하되 선생이여 이 여자가 간음하다가 현장에서 잡혔나이다
5 모세는 율법에 이러한 여자를 돌로 치라 명하였거니와 선생은 어떻게
말하겠나이까
6 그들이 이렇게 말함은 고발할 조건을 얻고자 하여 예수를 시험함이러라
예수께서 몸을 굽히사 손가락으로 땅에 쓰시니
7 그들이 묻기를 마지아니하는지라 이에 일어나 이르시되 너희 중에 죄 없
는 자가 먼저 돌로 치라 하시고
8 다시 몸을 굽혀 손가락으로 땅에 쓰시니
9 그들이 이 말씀을 듣고 양심에 가책을 느껴 어른으로 시작하여 젊은이까
지 하나씩 하나씩 나가고 오직 예수와 그 가운데 섰는 여자만 남았더라
10 예수께서 일어나사 여자 외에 아무도 없는 것을 보시고 이르시되 여자여
너를 고발하던 그들이 어디 있느냐 너를 정죄한 자가 없느냐
11 대답하되 주여 없나이다 예수께서 이르시되 나도 너를 정죄하지 아니하
노니 가서 다시는 죄를 범하지 말라 하시니라]
12 예수께서 또 말씀하여 이르시되 나는 세상의 빛이니 나를 따르는 자는
어둠에 다니지 아니하고 생명의 빛을 얻으리라

31 그러므로 예수께서 자기를 믿은 유대인들에게 이르시되 너희가 내 말에
거하면 참으로 내 제자가 되고
32 진리를 알지니 진리가 너희를 자유롭게 하리라

마음의 문을 열며

모든 사람은 자유를 원합니다. 인류의 역사는 자유를 찾아서 투쟁한 역사라고 해도 과언이 아닙니다. 이처럼 자유가 소중함에도 불구하고 사람들은 상황으로부터의 자유, 제도로부터의 자유는 원하지만, 진짜 누려야 할 자유, 즉 죄로부터의 자유는 간과하고 있습니다. 제도로부터의 학대에 대해서는 그토록 의분을 품는 사람들이 죄의 횡포와 조롱에 대해서는 무관심한 것에는 사탄의 전략이 숨어 있습니다.

기독교의 역사는 사람들을 죄로부터 자유케 하는 역사입니다. 예수님이 이 땅에 오신 것도 그 이유 때문입니다. 오늘 본문은 죄로부터의 자유가 진정한 자유라고 말씀합니다. 말씀 속에서 인생을 짓누르는 죄의 끔찍한 만행을 직시하고, 더 이상 죄가 내 삶을 조롱하고 비웃지 못하도록 죄로부터의 자유를 선포하는 시간이 되기를 바랍니다.

말씀의 씨를 뿌리며

1. 서기관들과 바리새인들이 예수님을 모략하기 위해 어떤 일을 했습니까?

• 3~4절

2. 그들이 율법을 빌려 예수님께 던진 질문은 쉽게 대답할 수 없는 딜레마를 포함하고 있습니다. 그 질문에 함유된 의도는 무엇입니까?

• 5~6절

3. 예수님은 은혜와 율법 중에 하나를 택해야 하는 진퇴양난의 상황에 처하게 되셨습니다. 예수님은 교활한 악의가 숨겨진 그들의 질문에 어떻게 대응하셨습니까?

• 7절

4. 별생각 없이 본문을 대하면 '오늘 본문 내용은 나와 상관이 없군' 하고 반응할 수 있습니다. 그러나 현장에는 음행한 여인 외에 가면을 쓴 죄인들과 군중 가운데 숨은 죄인들이 있었습니다. 각각의 인물 유형을 다음과 같이 정리해보고, 나의 삶은 그들과 아무런 관계가 없는지 깊이 묵상해보세요.

• 죄를 짓는 자(4절)

• 죄를 정죄하는 자(5절)

• 죄를 방관하는 자(9절)

5. 여인을 둘러싼 군중은 양심의 가책을 받아 손에 든 돌을 내려놓고 자리를 떠났습니다. 이때 홀로 남은 예수님은 여인에게 무엇이라 말씀하셨습니까? 만약 당신이 그 말을 듣는 여인이라면 어떤 심정이었을지 나누어보세요. (참고/ 롬 5:20)

6. 바리새인은 '복음 없는 도덕주의자'라고 할 수 있습니다. 다음 글을 읽고 바리새인의 함정에 빠지지 않는 길에 대해 묵상해보세요.

복음 없는 도덕주의자, 바리새인, 위선주의자 들은 모두 한 가지 공통점이 있습니다. 이사야 29장 13절이 그들의 실상을 잘 표현해줍니다. "주께서 이르시되 이 백성이 입으로는 나를 가까이하며 입술로는 나를 공경하나 그들의 마음은 내게서 멀리 떠났나니 그들이 나를 경외함은 사람의 계명으로 가르침을 받았을 뿐이라." 복음 없는 도덕주의자, 바리새인, 위선주의자 들은 교회 안에서 거룩한 신자의 옷을 입은 채, 도덕과 공의와 정의를 말하고, 하나님을 위하며 그분을 경외하는 것처럼 말하지만, 그들의 마음은 이미 하나님과는 상관이 없습니다. 그들의 문제는 말과 생각이, 말과 행실이 다르다는 것입니다. 에스겔 33장 31b절은 좀 더 구체적으로 이렇게 말씀하고 있습니다. "이는 그 입으로는 사랑을 나타내어도 마음으로는 이익을 따름이라." 입술로는 하나님을 외치지만 마음은 자신의 욕심을 따르고 있다는 말입니다. 이것이 복음 없는 도덕주의자들의 특징입니다. 이들은 한마디로 입술로는 하나님을 이야기하지만 실상은 자신의 탐욕을 따릅니다. 이것은 본문에서 간음한 여인을 예수님께 데리고 나온 자들의 모습과 같습니다.

7. 예수님께서 바리새인을 비롯한 유대 군중에게 하신 말씀과 간음한 여인에게 하신 말씀은 지금 우리에게도 하시는 말씀입니다. 자기 눈에 들보를 간직한 채 남의 눈에 있는 티를 비판하는 우리를 향한 말씀이요, 간음한 여인처럼 여전히 죄의 현장에 있거나 반복적으로 죄를 짓고 있는 우리를 향해 하시는 말씀입니다. 어떻게 하면 우리가 죄의 종노릇에서 자유할 수 있을지 나누어보세요.

삶의 열매를 거두며

기독교는 사람들에게 위안을 주는 종교가 아닙니다. 예수님의 핏값 위에서 있는 기독교는, 죄의 문제를 해결하고 생명을 살리는 종교입니다. 예수님을 믿는 우리는 죄의 종노릇을 멈추고, 주님과 함께 다른 사람들까지도 살리는 생명의 역사를 매일 써 내려가야 합니다. 다시는 죄를 짓지 않도록, 죄의 횡포와 조롱에서 자유할 뿐 아니라 비판과 정죄의 자리에서 사람을 살리는 생명의 자리로 옮겨시도록 은혜를 간구하며 결단하고 결심하는 기도를 드립시다.

Lesson 13

나는 세상의 빛이라

요한복음 9:1~11

1 예수께서 길을 가실 때에 날 때부터 맹인 된 사람을 보신지라
2 제자들이 물어 이르되 랍비여 이 사람이 맹인으로 난 것이 누구의 죄로
인함이니이까 자기니이까 그의 부모니이까
3 예수께서 대답하시되 이 사람이나 그 부모의 죄로 인한 것이 아니라 그
에게서 하나님이 하시는 일을 나타내고자 하심이라
4 때가 아직 낮이매 나를 보내신 이의 일을 우리가 하여야 하리라 밤이 오
리니 그때는 아무도 일할 수 없느니라
5 내가 세상에 있는 동안에는 세상의 빛이로라
6 이 말씀을 하시고 땅에 침을 뱉어 진흙을 이겨 그의 눈에 바르시고
7 이르시되 실로암 못에 가서 씻으라 하시니 (실로암은 번역하면 보냄을
받았다는 뜻이라) 이에 가서 씻고 밝은 눈으로 왔더라
8 이웃 사람들과 전에 그가 걸인인 것을 보았던 사람들이 이르되 이는 앉
아서 구걸하던 자가 아니냐
9 어떤 사람은 그 사람이라 하며 어떤 사람은 아니라 그와 비슷하다 하거
늘 자기 말은 내가 그라 하니
10 그들이 묻되 그러면 네 눈이 어떻게 떠졌느냐
11 대답하되 예수라 하는 그 사람이 진흙을 이겨 내 눈에 바르고 나더러 실
로암에 가서 씻으라 하기에 가서 씻었더니 보게 되었노라

마음의 문을 열며

습한 공사장에 널브러져 있는 널빤지를 두어 달 정도 방치한 후에 뒤집으면 온갖 벌레들이 서식하고 있는 것을 보게 됩니다. 그런데 햇빛이 비치자마자 그 많던 벌레들은 순식간에 여기저기로 사라져 버립니다. 이는 마치 빛으로 오신 예수님 앞에서 어둠의 몰골이 드러나는 것을 생각나게 합니다. 어둠 속에 있을 때는 죄의 악취를 맡지도 못하고, 그 추함을 볼 수도 없습니다. 오히려 그런 냄새와 추함이 정상인 것처럼 보이기도 합니다. 빛을 만날 때만 뒤틀리고 왜곡된 죄의 본성을 직시할 수 있습니다.

오늘 본문은 날 때부터 맹인 된 사람을 통해 영적 맹인이었던 우리가 빛이신 예수님을 만나 어떻게 변화되었는지를 비추어보게 합니다. 달이 태양의 빛을 받아 어둠을 비추는 반사체가 되듯이, 믿는 자가 예수님의 빛을 받아 세상의 어둠을 비추는 반사체로서 살아가는 법을 배우는 시간이 되기를 바랍니다.

말씀의 씨를 뿌리며

1. 제자들이 맹인에 대해 예수님께 질문한 내용은 무엇입니까?

• 2절

2. 병을 죄의 결과로 인식하는 제자들의 질문에 예수님은 어떻게 대답하십니까?

• 3절

3. 사람에게 닥친 고난이 때로 하나님의 영광을 위하여 "하나님이 하시는 일"이라는 말씀에 대해 당신은 어떻게 생각합니까? (참고/ 고후 12:9; 벧전 1:7)

4. 예수님은 내가 "세상의 빛"이라고 말씀하시면서 맹인의 눈을 고쳐주셨습니다. 이 말씀은 예수님께서 영적으로 앞을 보지 못하는 사람들에게도 빛으로 임하셔서 보게 하심을 의미합니다. 당신은 예수님을 믿기 이전과 이후, 세상을 보는 눈이 영적으로 어떻게 달라졌습니까? (참고/ 엡 4:22~24)

5. 우리는 예수님을 믿고 영적으로 눈을 뜬 사람들입니다. 영적으로 눈을 뜬 우리가 달라진 모습을 보이면 세상은 반드시 "그러면 네 눈이 어떻게 떠졌느냐?"(10절)라고 묻게 되어 있습니다. 당신도 주변에서 이런 질문을 받은 적이 있습니까? 받지 못했다면 그 이유는 무엇이라고 생각합니까? (참고/ 벧전 3:15~16)

6. 다음 글을 읽고 말씀의 빛에 조명되지 못할 때, 어떤 일이 일어나는지 묵상해봅시다.

역사를 관통하는 전통과 일시적인 필요의 관습을 구별해야 합니다. 얼마나 많은 사람들이 전통과 관습을 혼동하여 비본질적인 것에 집착하느라 정말 중요한 본질을 놓치는지 모릅니다.
교회 미래학자인 레너드 스윗(Leonard Sweet)은 우리가 붙들어야 할 전통과 때가 되면 버려야 할 관습의 차이를 다음과 같이 설명합니다. 교회라는 건물을 지을 때 비계를 사용합니다. 비계는 높은 곳에서 일할 수 있도록 만든 지지대입니다. 교회가 완성되면 비계는 자연스럽게 철거됩니다. 만일 10년, 20년, 30년이 지나도록 비계가 여전히 세워져 있다면 그 교회 건물이 얼마나 우스워 보이겠습니까? 불행히도 많은 사람들이 비계를 철거하지 않고 마치 그것이 교회인 양 붙들어 맨 채 지냅니다. 그들은 교회에 붙어 있는 비계와 신앙 선배들의 전통을 혼동한 채 비본질적인 것에 에너지를 낭비하면서도 마치 그것이 본질인 것처럼 스스로 속고 있는지도 모릅니다.

7. 예수님이 세상의 빛이시고 우리가 예수님을 통해 하나님의 자녀가 된 것이 분명하다면, 우리 역시 세상의 어둠을 비추는 빛이 됩니다. 그러나 여전히 세상을 환하게 밝히지 못하는 신자들이 적지 않습니다. 세상의 빛으로 살아가기 위해 당신에게 가장 필요한 것은 무엇이라고 생각합니까? 맹인의 간증을 생각하면서 답해보세요. (참고/ 요 9:33)

• 요 9:33

삶의 열매를 거두며

어둠에 익숙한 세상은 빛을 좋아하지 않습니다. 그래서 눈을 뜬 맹인을 유대인들이 비난하고 무시한 것처럼 세상 역시 빛의 자녀들을 왜곡된 시선으로 바라보며 비난할 수 있습니다. 그러한 대접을 받을 때에도 오늘 본문의 맹인처럼 자신에게 일어난 하나님의 일을 당당히 말하며, 세상에 영향력을 미치는 삶을 살 수 있게 해달라고 위로부터 부으시는 은혜를 간구하는 기도를 드립시다.

Lesson 14

나는 선한 목자라

요한복음 10:1~29

1 내가 진실로 진실로 너희에게 이르노니 문을 통하여 양의 우리에 들어가
지 아니하고 다른 데로 넘어가는 자는 절도며 강도요
2 문으로 들어가는 이는 양의 목자라
3 문지기는 그를 위하여 문을 열고 양은 그의 음성을 듣나니 그가 자기 양
의 이름을 각각 불러 인도하여 내느니라
4 자기 양을 다 내놓은 후에 앞서 가면 양들이 그의 음성을 아는 고로 따라
오되
5 타인의 음성은 알지 못하는 고로 타인을 따르지 아니하고 도리어 도망하
느니라
6 예수께서 이 비유로 그들에게 말씀하셨으나 그들은 그가 하신 말씀이 무
엇인지 알지 못하니라
7 그러므로 예수께서 다시 이르시되 내가 진실로 진실로 너희에게 말하노
니 나는 양의 문이라
8 나보다 먼저 온 자는 다 절도요 강도니 양들이 듣지 아니하였느니라
9 내가 문이니 누구든지 나로 말미암아 들어가면 구원을 받고 또는 들어가
며 나오며 꼴을 얻으리라
10 도둑이 오는 것은 도둑질하고 죽이고 멸망시키려는 것뿐이요 내가 온 것
은 양으로 생명을 얻게 하고 더 풍성히 얻게 하려는 것이라
11 나는 선한 목자라 선한 목자는 양들을 위하여 목숨을 버리거니와
12 삯꾼은 목자가 아니요 양도 제 양이 아니라 이리가 오는 것을 보면 양을
버리고 달아나나니 이리가 양을 물어가고 또 헤치느니라
13 달아나는 것은 그가 삯꾼인 까닭에 양을 돌보지 아니함이나
14 나는 선한 목자라 나는 내 양을 알고 양도 나를 아는 것이

15 아버지께서 나를 아시고 내가 아버지를 아는 것 같으니 나는 양을 위하
여 목숨을 버리노라
16 또 이 우리에 들지 아니한 다른 양들이 내게 있어 내가 인도하여야 할 터
이니 그들도 내 음성을 듣고 한 무리가 되어 한 목자에게 있으리라
17 내가 내 목숨을 버리는 것은 그것을 내가 다시 얻기 위함이니 이로 말미
암아 아버지께서 나를 사랑하시느니라
18 이를 내게서 빼앗는 자가 있는 것이 아니라 내가 스스로 버리노라 나는
버릴 권세도 있고 다시 얻을 권세도 있으니 이 계명은 내 아버지에게서
받았노라 하시니라
19 이 말씀으로 말미암아 유대인 중에 다시 분쟁이 일어나니
20 그중에 많은 사람이 말하되 그가 귀신 들려 미쳤거늘 어찌하여 그 말을
듣느냐 하며
21 어떤 사람은 말하되 이 말은 귀신 들린 자의 말이 아니라 귀신이 맹인의
눈을 뜨게 할 수 있느냐 하더라
22 예루살렘에 수전절이 이르니 때는 겨울이라
23 예수께서 성전 안 솔로몬 행각에서 거니시니
24 유대인들이 에워싸고 이르되 당신이 언제까지나 우리 마음을 의혹하게
하려 하나이까 그리스도이면 밝히 말씀하소서 하니
25 예수께서 대답하시되 내가 너희에게 말하였으되 믿지 아니하는도다 내가
내 아버지의 이름으로 행하는 일들이 나를 증거 하는 것이거늘
26 너희가 내 양이 아니므로 믿지 아니하는도다
27 내 양은 내 음성을 들으며 나는 그들을 알며 그들은 나를 따르느니라
28 내가 그들에게 영생을 주노니 영원히 멸망하지 아니할 것이요 또 그들을
내 손에서 빼앗을 자가 없느니라
29 그들을 주신 내 아버지는 만물보다 크시매 아무도 아버지 손에서 빼앗을
수 없느니라

마음의 문을 열며

성경을 읽을 때마다 더욱 마음을 붙잡는 본문이 있습니다. 예수님이 '선한 목자'로 등장하는 오늘 말씀이 그런 본문 중 하나입니다. "나는 선한 목자라 선한 목자는 양들을 위하여 목숨을 버리거니와"(11절). "나는 선한 목자라 나는 내 양을 알고 양도 나를 아는 것이"(14절). 이 말씀을 읽을 때 가슴은 감사로 격동하고, 눈시울은 은혜로 젖어듭니다. 광야 같은 이 세상에서 당아새같이 외로운 나를 위해 자신의 목숨을 버리시고, 모두가 외면할 세상 끝에서도 나를 이끌어주는 분이 계시다는 것은 얼마나 큰 힘이 되며 위로가 되는지 모릅니다.

뿐만 아니라 예수님의 선한 목자 되심을 깊이 깨달은 사람은 목자의 심정을 가지고 가정과 이웃과 시대를 섬길 수 있습니다. 오늘 다락방을 마칠 때에는 예수님의 심장에서 이식된 목자의 심정으로 가슴이 뛰기를 바랍니다.

말씀의 씨를 뿌리며

1. 예수님께서 말씀하신 선한 목자의 특징을 정리해보세요.

• 2절

• 11절

• 14~15절

2. 선한 목자가 양들을 위해 목숨을 버린다면, 선한 목자를 따르는 착한 양의 특징은 무엇입니까?

• 3절

• 9절

• 27절

3. 성경은 우리를 양이라고 말합니다. 양은 맹수를 만났을 때 공격도 방어도 할 수 없는, 참으로 무력한 존재입니다. 양이 살아갈 수 있는 유일한 길은, 좋은 목자를 만나 그의 음성을 듣고 따르는 것입니다. 주님의 양인 당신은 선한 목자 되신 주님의 음성을 제대로 분별해 듣고 있습니까? 선한 목자의 음성을 듣는 데 방해되는 것은 무엇이라고 생각합니까? (참고/ 요 18:37b; 렘 6:10; 겔 3:7)

4. 선한 목자의 음성을 듣고 따르는 자들에게 주님은 무엇을 선물로 주십니까? 그리고 그 선물의 특징을 찾아서 적어보세요.

• 28~29절

5. 선한 목자를 따르는 사람은 목자의 심정을 갖게 됩니다. 가정과 사회에서 목자의 심정을 갖고 살아간다는 것은 어떤 뜻일까요? (참고/ 마 25:35~36, 40)

6. 다음 글을 읽고 우리가 왜 선한 목자 되시는 예수님의 음성을 좇아야 하는지 생각해봅시다.

양은 참으로 약하고 미련합니다. 빨리 뛰지도 못하고, 공격도 방어도 못하고, 10미터 앞도 보지 못하는 연약한 동물입니다. 이리처럼 공격도 못하고, 사자처럼 강하지도 못하고, 소처럼 힘이 있는 것도 아닙니다. 토끼처럼 빨리 뛰어 달아나지도 못하고, 쥐처럼 날쌔게 구멍으로 들어가 숨지도 못합니다. 양은 방향 감각도 없습니다. 개도, 고양이도, 소나 말도 집으로 찾아오고, 공중에 나는 새들도 저녁이 되면 자기 둥지를 찾아갑니다. 여우도 저녁이 되면 꼬리를 늘어뜨리고 자기 굴속으로 찾아 들어가는데, 양은 자기 집을 찾아가지 못합니다. 정말로 양은 목자 없이는 살 수 없는 무력한 존재입니다. 그런 차원에서 양에게는 목자의 음성이 생명과도 같습니다.

7. 선한 목자 되시는 예수님은 먼저 아버지 하나님의 어린 양이 되어서 아버지께서 원하시는 대로 "나의 원대로 마시옵고 아버지의 원대로 하옵소서"(마 26:39)라고 기도하면서 순종함으로 골고다의 십자가를 지셨습니다. 우리 역시 착한 양으로 살기 위해서는 예수님의 음성을 듣고 순종으로 반응해야 합니다. 지난 한 주의 삶을 하나님의 말씀에 비추어보며 순종한 것과 순종하지 못한 것을 나누어봅시다.

삶의 열매를 거두며

목회자로서 갖는 소원은, 성도들이 예수 그리스도께서 품으신 목자의 심정을 깨달아 그분의 음성을 듣고 따르는 착한 양이 되고, 착한 목자의 심정을 가지고 가정과 이웃과 시대를 섬기는 것입니다. 그러나 사탄은 어떻게 하든지 양들이 목자의 음성을 듣지 못하게 하고, 목자의 심정을 가지지 못하도록 방해합니다. 오늘 나눈 말씀을 통해 다시 한 번 선한 목자의 특징을 정리하고, 착한 양으로서 목자의 음성을 듣지 못하게 방해하는 것들을 내려놓고, 그분의 음성을 듣는 일에 가장 우선순위를 두기로 결단하며 결심하는 기도를 드립시다.

Lesson 15

이 병은 죽을병이 아니라

요한복음 11:1~16

1 어떤 병자가 있으니 이는 마리아와 그 자매 마르다의 마을 베다니에 사는
나사로라
2 이 마리아는 향유를 주께 붓고 머리털로 주의 발을 닦던 자요 병든 나사
로는 그의 오라버니더라
3 이에 그 누이들이 예수께 사람을 보내어 이르되 주여 보시옵소서 사랑하
시는 자가 병들었나이다 하니
4 예수께서 들으시고 이르시되 이 병은 죽을병이 아니라 하나님의 영광을
위함이요 하나님의 아들이 이로 말미암아 영광을 받게 하려 함이라 하시
더라
5 예수께서 본래 마르다와 그 동생과 나사로를 사랑하시더니
6 나사로가 병들었다 함을 들으시고 그 계시던 곳에 이틀을 더 유하시고
7 그 후에 제자들에게 이르시되 유대로 다시 가자 하시니
8 제자들이 말하되 랍비여 방금도 유대인들이 돌로 치려 하였는데 또 그리
로 가시려 하나이까
9 예수께서 대답하시되 낮이 열두 시간이 아니냐 사람이 낮에 다니면 이
세상의 빛을 보므로 실족하지 아니하고
10 밤에 다니면 빛이 그 사람 안에 없는 고로 실족하느니라
11 이 말씀을 하신 후에 또 이르시되 우리 친구 나사로가 잠들었도다 그러
나 내가 깨우러 가노라
12 제자들이 이르되 주여 잠들었으면 낫겠나이다 하더라
13 예수는 그의 죽음을 가리켜 말씀하신 것이나 그들은 잠들어 쉬는 것을
가리켜 말씀하심인 줄 생각하는지라
14 이에 예수께서 밝히 이르시되 나사로가 죽었느니라

15 내가 거기 있지 아니한 것을 너희를 위하여 기뻐하노니 이는 너희로 믿
게 하려 함이라 그러나 그에게로 가자 하시니
16 디두모라고도 하는 도마가 다른 제자들에게 말하되 우리도 주와 함께 죽
으러 가자 하니라

마음의 문을 열며

인생길을 걷다 보면 누구나 갑작스러운 불행이나 고통을 마주할 때가 있습니다. 그럴 때 세상은 환경을 원망하거나 남을 탓하라고 합니다. 그러나 오늘 다룰 말씀은 전혀 다른 시각으로 우리를 이끌어 갑니다.

믿는 자는 세상에 속한 자가 아니라 하나님께 속한 자입니다. 그러므로 세상의 질서가 아니라 하늘의 질서에 눈이 열려야 고통이라는 그릇 속에 담겨 있는 하나님의 뜻을 발견할 수 있습니다. 이해할 수 없는 고통을 당할 때 가장 절실히 필요한 것은 영적 분별력입니다. 우리가 사는 세상은 온갖 소리가 범람하기 때문에 주님이 주시는 세미한 음성을 듣기가 쉽지 않습니다. 오늘 말씀을 통해 영적 분별력을 가짐으로, 고통을 해석하는 이 세상의 소리가 아니라 고통이라는 그릇 속에 담아놓으신 하나님의 뜻을 발견하는 시간이 되기를 바랍니다.

말씀의 씨를 뿌리며

1. 마리아와 마르다 자매가 예수님께 사람을 보내어 전달한 말은 무엇입니까?

• 3절

2. 예수님은 사랑하는 나사로가 병들었다는 소식을 듣고 어떤 반응을 보이셨습니까?

• 4절

• 6절

3. 유대로 다시 돌아가자는 예수님의 말씀에 제자들이 놀란 이유는 무엇입니까? 예수님께서 하신 말씀과 그 의미를 생각해보세요.

• 8~9절

4. 너무나도 긴급한 소식을 전했음에도 계시던 곳에 이틀을 더 유하신 예수님의 반응은 마리아와 마르다의 입장에서는 실망스러울 수 있습니다. 뿐만 아니라 예수님은 이해할 수 없는 말씀도 하셨습니다. 당신이 마리아와 마르다의 입장에 처했다면 예수님의 태도와 말씀에 대해 어떤 생각을 했을지 나누어보세요. (참고/ 요 11:21)

• 15절

5. 예수님은 나사로의 죽음을 통해 제자들뿐 아니라 마리아와 마르다 그리고 함께하는 모든 사람들까지 하나님의 영광을 볼 수 있게 하셨습니다. 하나님의 영광은 모든 것이 잘되고 좋을 때만이 아니라 힘들고 이해할 수 없는 고통 중에서도 볼 수 있어야 합니다. 당신은 잘되고 좋을 때만이 아니라 힘들고 어려울 때도 하나님의 영광을 체험하고 있습니까? (참고/ 벧전 4:13)

6. 다음 글을 읽고 신앙인으로서 가져야 할 영적 분별력에 대해 묵상해 보세요.

믿는 자들이 영적 분별력을 가지고 살아야 하는 몇 가지 이유가 있습니다. 먼저, 세상의 소리가 너무도 크기에 우리에게 말씀하시는 하나님의 세미한 음성을 들을 수 없기 때문입니다. 둘째, 우리가 듣는 소리 중에서 우리의 심령을 미혹하는 사탄의 음성을 분별해야 하기 때문입니다. 예수님을 오래 믿었다고, 신앙이 좋다고 해서 언제나 영적 분별력이 있는 것은 아닙니다. 깨어 있지 못하면 사탄의 소리에 미혹될 수 있습니다. 셋째, 우리가 살고 있는 시대적 특성 때문입니다. 절대 진리를 인정하지 않고 상대적인 것까지 모두 진리처럼 포용하는 포스트모더니즘 시대에는, 영적 분별력이 없으면 기독교는 또 하나의 종교, 또 하나의 주장으로 전락해버리고 맙니다. 이렇게 되면 무엇이 더 중요하고, 무엇이 더 가치 있는지를 판단하는 기준이 사라지고, 성경말씀도 다양한 가치 중의 하나로 전락하며, 우리는 끝없는 혼란과 혼돈 가운데 빠집니다. 길가에서 반짝이는 것이 모두 금은 아닙니다.

7. 하나님의 영광을 보는 것은 나 중심의 신앙에서 하나님 중심의 신앙으로 올라갈 때라야 가능합니다. 그래야만 자신에게 주어진 고통이나 어려움을 하나님의 시각에서 분별하는 눈을 가질 수 있습니다. 나 중심의 시각에서 하나님 중심의 시각으로 전환되는 과정에는 필연적으로 성장통이 수반됩니다. 각자가 경험한 성장통에 대해 이야기해 봅시다.

삶의 열매를 거두며

그리스도인에게 주어지는 모든 고통에는 뜻이 있습니다. 그것은 연단의 과정일 수도 있고, 하나님의 영광을 드러내기 위한 것일 수도 있습니다. 고난당할 때는 영적 분별력을 가지고 내게 주어진 어려움을 바라보는 것이 중요합니다. 자신이 겪는 어려움과 고통을 돌아보고 하나님의 시각으로 바라볼 수 있는 분별력을 달라고 기도합시다.

Lesson 16

나는 부활이요 생명이니

요한복음 11:17~44

17 예수께서 와서 보시니 나사로가 무덤에 있은 지 이미 나흘이라
18 베다니는 예루살렘에서 가깝기가 한 오 리쯤 되매
19 많은 유대인이 마르다와 마리아에게 그 오라비의 일로 위문하러 왔더니
20 마르다는 예수께서 오신다는 말을 듣고 곧 나가 맞이하되 마리아는 집
에 앉았더라
21 마르다가 예수께 여짜오되 주께서 여기 계셨더라면 내 오라버니가 죽지
아니하였겠나이다
22 그러나 나는 이제라도 주께서 무엇이든지 하나님께 구하시는 것을 하나
님이 주실 줄을 아나이다
23 예수께서 이르시되 네 오라비가 다시 살아나리라
24 마르다가 이르되 마지막 날 부활 때에는 다시 살아날 줄을 내가 아나
이다
25 예수께서 이르시되 나는 부활이요 생명이니 나를 믿는 자는 죽어도 살
겠고
26 무릇 살아서 나를 믿는 자는 영원히 죽지 아니하리니 이것을 네가 믿
느냐
27 이르되 주여 그러하외다 주는 그리스도시요 세상에 오시는 하나님의 아
들이신 줄 내가 믿나이다
28 이 말을 하고 돌아가서 가만히 그 자매 마리아를 불러 말하되 선생님이
오셔서 너를 부르신다 하니
29 마리아가 이 말을 듣고 급히 일어나 예수께 나아가매
30 예수는 아직 마을로 들어오지 아니하시고 마르다가 맞이했던 곳에 그대로
계시더라

31 마리아와 함께 집에 있어 위로하던 유대인들은 그가 급히 일어나 나가는
것을 보고 곡하러 무덤에 가는 줄로 생각하고 따라가더니
32 마리아가 예수 계신 곳에 가서 뵈옵고 그 발 앞에 엎드리어 이르되 주께
서 여기 계셨더라면 내 오라버니가 죽지 아니하였겠나이다 하더라
33 예수께서 그가 우는 것과 또 함께 온 유대인들이 우는 것을 보시고 심령
에 비통히 여기시고 불쌍히 여기사
34 이르시되 그를 어디 두었느냐 이르되 주여 와서 보옵소서 하니
35 예수께서 눈물을 흘리시더라
36 이에 유대인들이 말하되 보라 그를 얼마나 사랑하셨는가 하며
37 그중 어떤 이는 말하되 맹인의 눈을 뜨게 한 이 사람이 그 사람은 죽지
않게 할 수 없었더냐 하더라
38 이에 예수께서 다시 속으로 비통히 여기시며 무덤에 가시니 무덤이 굴이
라 돌로 막았거늘
39 예수께서 이르시되 돌을 옮겨놓으라 하시니 그 죽은 자의 누이 마르다가
이르되 주여 죽은 지가 나흘이 되었으매 벌써 냄새가 나나이다
40 예수께서 이르시되 내 말이 네가 믿으면 하나님의 영광을 보리라 하지
아니하였느냐 하시니
41 돌을 옮겨놓으니 예수께서 눈을 들어 우러러보시고 이르시되 아버지여
내 말을 들으신 것을 감사하나이다
42 항상 내 말을 들으시는 줄을 내가 알았나이다 그러나 이 말씀 하옵는 것
은 둘러선 무리를 위함이니 곧 아버지께서 나를 보내신 것을 그들로 믿
게 하려 함이니이다
43 이 말씀을 하시고 큰 소리로 나사로야 나오라 부르시니
44 죽은 자가 수족을 베로 동인 채로 나오는데 그 얼굴은 수건에 싸였더라
예수께서 이르시되 풀어놓아 다니게 하라 하시니라

마음의 문을 열며

신자와 비신자의 결정적인 차이는 부활신앙에 있습니다. 우리는 주님 오시는 그날 모두 변화된 몸을 입고 부활할 것입니다. 부활신앙은 죽은 이후에만 차이를 가져오는 것이 아닙니다. "죽어도 살겠고"라는 예수님의 말씀이 믿어지는 사람의 삶은, 죽음을 삶의 종착역으로 생각하는 사람들과 다를 수밖에 없습니다. 부활신앙으로 현재를 살아가는 사람은 절망 속에서도 소망이 있고, 슬픔 속에서도 기쁨이 있으며, 아무것도 없지만 모든 것을 가진 자처럼 영적인 기개를 가질 수 있습니다.

오늘 말씀을 통해 이 땅에 거하는 동안에는 절망 대신 소망을 붙들고 살며, 죽어서는 주님과 함께 영원히 다시 사는 것을 믿는 부활신앙을 심령 속에 깊이 각인하는 시간이 되기를 바랍니다.

말씀의 씨를 뿌리며

1. 예수님께서 나사로가 죽은 지 나흘이나 지난 이후에 베다니로 오셨을 때, 마르다와 마리아는 어떻게 반응했습니까?

• 21절

• 32절

2. 마르다에게는 기본적으로 예수님에 대한 믿음이 있었습니다. 그러나 그 믿음은 아직 부활신앙의 수준까지는 이르지 못했습니다. 그 근거를 찾아보고, 예수님께서 마르다에게 하신 말씀의 의미를 나누어보세요.

• 24, 39절

• 23, 25~26절

3. 나사로의 죽음으로 인해 마리아와 유대인들이 우는 것을 보시고 예수님은 어떻게 반응하셨습니까? 그리고 예수님의 반응에 대해 당신은 무엇을 느끼십니까?

• 35절

4. 예수님께서 무덤을 향해 큰 소리로 "나사로야 나오라"(43절) 하고 부르실 때에 어떤 일이 일어났습니까? 무덤 속에 있는 나사로를 부르신 예수님의 음성은 절망 속에 움츠린 나를 향한 부르심일 수 있습니다. 당신도 움츠린 그곳에서 나오라는 예수님의 음성을 듣고 있습니까?

• 44절

5. 우리의 신앙은 마르다와 많이 닮아 있습니다. "주는 그리스도시요 세상에 오시는 하나님의 아들이신 줄 내가 믿나이다"(27절)라고 고백하지만, "네 오라비가 다시 살아나리라"(23절) 하고 예수님께서 말씀하셨을 때, 현실에 잔뜩 짓눌려 "주여 죽은 지가 나흘이 되었으매 벌써 냄새가 나나이다"(39절)라고 답하는 마르다는, 우리의 모습을 보여줍니다. 부활신앙을 가졌다고 하면서도, 실제 삶에서는 마르다처럼 무덤 속의 죽음을 넘어서지 못하는 이유는 무엇이라고 생각합니까?

6. 다음 글을 읽고 부활신앙으로 일상을 살아가는 것에 대해 묵상해봅시다.

부활의 권능에 참여한 자는 부활을 기다릴 뿐 아니라 현재의 삶을 부활의 능력으로 살아가는 사람입니다. 그리스도인에게 부활의 삶은 단지 미래의 일이 아니라 바로 현재에 일어나는 일입니다. 유진 피터슨(Eugene H. Peterson)은 "예수님께서 지금 우리 가운데 살아 계시기 때문에 부활의 삶 역시 우리 속에 현재 일어나고 있는 것이다"라고 말했습니다. 그리스도인에게 부활의 삶은 미래만이 아니라 현재 일어나는 삶입니다. 고린도전서 15장 56~57절을 보십시오. "사망이 쏘는 것은 죄요 죄의 권능은 율법이라 우리 주 예수 그리스도로 말미암아 우리에게 승리를 주시는 하나님께 감사하노니." '우리에게 승리를 주신다'는 표현에서, 승리는 언제의 승리입니까? 단지 미래에 주어지는 승리입니까, 아니면 현재 주어지는 승리입니까? 바울 사도는 예수님의 재림 때의 승리는 물론, 지금 이기는 승리도 말하고 있습니다.

7. 그리스도인의 신앙 성숙은 나 중심의 신앙에서 예수님 중심의 부활신앙으로 옮겨가는 과정입니다. 그러나 때로 현실에 고정된 우리의 시선은 현실 너머에 계시는 예수님을 보지 못하게 하고, 우리가 진정한 부활신앙으로 도약하는 것을 짓누릅니다. 부활신앙으로 도약하기 위해 당신에게 가장 필요한 것은 무엇입니까?

삶의 열매를 거두며

부활신앙은 현재를 사는 우리에게 모든 묶인 것으로부터의 자유를 선포합니다. 무덤 속의 나사로처럼 비록 죽음과 같은 어려움 속에 짓눌려 있다 해도 예수님께서 나오라고 말씀만 하시면 다시 일어날 수 있습니다. 지금도 과거의 상처로 고통 하고 있습니까? 말할 수 없는 고통 속에서 '죽은 지가 나흘이 되어' 이제는 도무지 살아날 기미조차 보이지 않습니까? 무덤 속의 나사로를 큰 소리로 부르신 예수님의 음성을 들어야 합니다. 부활의 영을 가진 자로서, 모든 묶인 것으로부터 자유를 선포하며 살아가기로 결심하는 기도를 드립시다.

Lesson 17

거룩한 사랑의 낭비

요한복음 12:1~8

1 유월절 엿새 전에 예수께서 베다니에 이르시니 이곳은 예수께서 죽은 자
가운데서 살리신 나사로가 있는 곳이라
2 거기서 예수를 위하여 잔치할 새 마르다는 일을 하고 나사로는 예수와
함께 앉은 자 중에 있더라
3 마리아는 지극히 비싼 향유 곧 순전한 나드 한 근을 가져다가 예수의 발
에 붓고 자기 머리털로 그의 발을 닦으니 향유 냄새가 집에 가득하더라
4 제자 중 하나로서 예수를 잡아줄 가룟 유다가 말하되
5 이 향유를 어찌하여 삼백 데나리온에 팔아 가난한 자들에게 주지 아니하
였느냐 하니
6 이렇게 말함은 가난한 자들을 생각함이 아니요 그는 도둑이라 돈궤를 맡
고 거기 넣는 것을 훔쳐감이러라
7 예수께서 이르시되 그를 가만두어 나의 장례할 날을 위하여 그것을 간
직하게 하라
8 가난한 자들은 항상 너희와 함께 있거니와 나는 항상 있지 아니하리라
하시니라

마음의 문을 열며

세상 사람들은 주일 예배를 드리기 위해 먼 길도 마다하지 않는 그리스도인들을 이해하지 못합니다. 시간을 낭비하는 것으로 여깁니다. 땀 흘려 열심히 번 물질을 아낌없이 헌금하는 그리스도인들을 이해하지 못합니다. 물질을 낭비하는 것이라 생각합니다. 선교사역을 위해 생면부지(生面不知)의 땅에 가서 일생을 내이드리는 것에 대해서도 낭비 중의 낭비라고 생각합니다. 당신의 생각은 어떻습니까?

오늘 본문은 세상적 가치를 전복(顚覆)하는 거룩한 낭비를 다루고 있습니다. 내게 주어진 시간과 물질을 어떻게 사용하는 것이 예수님의 관점에서 가장 고귀하게 쓰임받는 것인지를 보여줍니다. 예수님을 믿어도 여전히 계산적이고 생산성에만 붙들려 있는 우리의 관점이 하나님 나라의 가치를 향함으로써 남은 인생을 거룩한 사랑의 낭비로 채워가는 변화의 출발점이 되기를 바랍니다.

말씀의 씨를 뿌리며

1. 지금 예수님이 계신 곳은 어디이며, 어떤 일이 일어났던 곳입니까?

• 1절

2. 잔치하는 동안 마리아가 예수님을 위해 어떤 일을 행했습니까?

• 3절

3. 가룟 유다는 값비싼 향유가 낭비된다며 매우 못마땅하게 여겼습니다. 가룟 유다는 어떤 말로 마리아를 비난하고 있습니까?

• 5절

4. 본문에는 대조적인 두 사람, 즉 예수님의 발에 근로자의 일 년 품삯에 해당하는 향유를 모두 부어버린 마리아와 그것을 팔아 가난한 자들을 도우라고 주장하는 가룟 유다가 등장합니다. 당신의 삶을 돌아볼 때, 당신이 주로 서 있는 자리는 어느 쪽이었습니까? 그런 태도를 취한 결과는 어떠했습니까?

5. 예수님은 세상의 효율성과 합리성 측면에서 옳게 보이는 가룟 유다의 말을 듣지 않으시고, 낭비처럼 보이는 마리아의 헌신을 받으셨습니다. 그 이유는 무엇이라고 생각합니까? '낭비'와 '거룩한 사랑의 낭비'를 구별하는 근거는 무엇인지 말해보세요.

6. 거룩한 사랑의 낭비는 세상적인 계산법을 넘어서서 자신을 내어드리는 것이라는 점을 다음 글을 읽고 묵상해보세요.

우리나라의 기독교 역사 초기에 한 획을 그은 닥터 홀 가문의 이야기가 있습니다. 이 가문을 통해 크리스마스실(Christmas seal)이 시작되었고, 한글 점자가 창안되었습니다.
어느 날 닥터 로제타 홀(Rosetta Sherwood Hall)의 진료소에 몇 년 전 입은 화상으로 손가락 세 개가 손바닥에 붙은 열여섯 살의 소녀가 찾아왔습니다. 수술을 성공적으로 끝냈지만 흉터가 크게 남았습니다. 로제타 홀은 자신의 피부를 떼어 소녀에게 이식했습니다. 말도 통하지 않는 사람을 위해 자기 피부를 떼어 이식한 것은 무엇 때문입니까? 바로 사랑 때문입니다.
로제타 홀은 길을 가다가 강도를 만난 사람을 발견했습니다. 이미 한 사람은 숨이 끊어졌고, 다른 사람도 추위에 얼어 죽을 상황이었습니다. 홀은 부상자를 응급 처치한 후 자신이 머물던 여관으로 데려와 환자를 부탁했습니다. 여관 주인은 맡기를 거절했으나, 홀은 가진 돈 전부를 주고 자신이 돌아올 때까지 환자를 부탁했습니다. 홀은 생면부지의 사람을 구하기 위해 자신이 가진 전부를 내놓았습니다. 하나님의 사랑이 그를 강권했기 때문입니다. 하나님께 받은 사랑이 닥터 홀을 그렇게 하도록 했습니다. 진짜 사랑은 자신이 가진 것 중에서 가장 좋은 것, 모든 것을 주는 것입니다.

7. 마리아의 행위는 거룩한 사랑의 낭비라고 할 수 있습니다. 거룩한 사랑의 낭비의 원형은 하나님이십니다. 하나님께서는 죄투성이인 우리를 속죄하기 위해 하나님이신 독생자 예수님을 이 땅에 보내어 십자가에 달려 죽게 하셨습니다. 아마도 사탄은, 인간이 하나님을 위해 한 것이 없는데도 그들을 위해 독생자를 보내신 하나님의 거룩한 사랑의 낭비를 이해할 수 없었을 것입니다. 당신은 예수님을 믿은 후에 거룩한 사랑의 낭비를 실천하거나 경험한 일이 있습니까? 우리가 거룩한 사랑의 낭비를 실천하지 못하는 이유는 무엇이라고 생각합니까? (참고/ 눅 12:20~21)

삶의 열매를 거두며

정말 사랑하면 자신의 가장 소중한 것, 가장 고귀한 것을 드릴 수 있습니다. 예수님은 마리아의 향유를 받으신 것이 아니라, 향유를 드리는 그녀의 진실 된 사랑을 받으셨습니다. 인색한 신앙을 소유한 사람들이 있습니다. 합리성과 정의를 주장하지만, 그 속에 진실 된 사랑이 없으면 그것은 가룟 유다의 위선과 다를 바 없습니다. 인색함이나 계산적인 신앙으로는 하나님을 기쁘시게 할 수 없습니다. 십자가의 사랑으로 변화되어 거룩한 사랑의 낭비를 하는 인생이 예수님께서 받으시는 인생입니다. 옥합을 깨뜨린 마리아의 거룩한 사랑의 낭비를 우리도 실천할 수 있도록 결단하고, 일평생 예수님을 진실 되게 사랑하기로 결심하는 기도를 올려드립시다.

Lesson 18

신앙의 역설:
죽으면 황금밀밭 된다

요한복음 12:12~26

12 그 이튿날에는 명절에 온 큰 무리가 예수께서 예루살렘으로 오신다는 것
을 듣고
13 종려나무 가지를 가지고 맞으러 나가 외치되 호산나 찬송하리로다 주의
이름으로 오시는 이 곧 이스라엘의 왕이시여 하더라
14 예수는 한 어린 나귀를 보고 타시니
15 이는 기록된 바 시온 딸아 두려워하지 말라 보라 너의 왕이 나귀 새끼를
타고 오신다 함과 같더라
16 제자들은 처음에 이 일을 깨닫지 못하였다가 예수께서 영광을 얻으신
후에야 이것이 예수께 대하여 기록된 것임과 사람들이 예수께 이같이
한 것임이 생각났더라
17 나사로를 무덤에서 불러내어 죽은 자 가운데서 살리실 때에 함께 있던
무리가 증언한지라
18 이에 무리가 예수를 맞음은 이 표적 행하심을 들었음이러라
19 바리새인들이 서로 말하되 볼지어다 너희 하는 일이 쓸데없다 보라 온
세상이 그를 따르는도다 하니라
20 명절에 예배하러 올라온 사람 중에 헬라인 몇이 있는데
21 그들이 갈릴리 벳새다 사람 빌립에게 가서 청하여 이르되 선생이여 우리
가 예수를 뵈옵고자 하나이다 하니
22 빌립이 안드레에게 가서 말하고 안드레와 빌립이 예수께 가서 여쭈니
23 예수께서 대답하여 이르시되 인자가 영광을 얻을 때가 왔도다
24 내가 진실로 진실로 너희에게 이르노니 한 알의 밀이 땅에 떨어져 죽지
아니하면 한 알 그대로 있고 죽으면 많은 열매를 맺느니라

25 자기의 생명을 사랑하는 자는 잃어버릴 것이요 이 세상에서 자기의 생명
을 미워하는 자는 영생하도록 보전하리라
26 사람이 나를 섬기려면 나를 따르라 나 있는 곳에 나를 섬기는 자도 거기
있으리니 사람이 나를 섬기면 내 아버지께서 그를 귀히 여기시리라

마음의 문을 열며

세상적으로는 미련하게 보이고 불합리하게 들리는 것에 신앙의 진리가 숨어 있습니다. 신앙의 역설입니다. 주님은 고난 속에 성숙을, 눈물 속에 기쁨을, 십자가 뒤에 면류관을 넣어두셨습니다. 하나님의 나라는 섬기는 자가 섬김을 받는 자보다 더 큰 곳이요, 주님 안에서는 약할 때에 오히려 강함이 되며, 예수님의 종이 될 때 진정한 자유자가 됩니다. 승자독식(勝者獨食)의 세상적 가치관으로는 이런 신앙의 역설을 이해하지도, 이해할 수도 없습니다.

오늘 본문은 세상적 가치관에 중독된 우리를 영적으로 해독하는 말씀입니다. 또한 참 열매를 맺는 삶이 무엇인지도 가르쳐줍니다. 오늘 말씀을 통해 한 알의 밀이 썩을 때 비루수 황금밀밭이 되는 신앙의 역설에 눈을 뜰 뿐만 아니라 소유하지 않고도 풍성하게 사는 원리를 체득하는 시간이 되기를 바랍니다.

말씀의 씨를 뿌리며

1. 예수님께서 유월절에 예루살렘으로 오신다는 소식을 듣고 무리는 어떻게 반응했습니까?

• 13절

2. 제자들이 예수님께서 영광을 얻으신 후에야 비로소 깨달은 것은 무엇입니까?

• 16절

3. 예수님께서 말씀하신 25절에는 신앙의 역설을 드러내는 진리가 담겨 있습니다. 이 구절을 자신의 말로 풀어서 이야기해보세요.

• 25절

4. 다음 성경구절을 읽고 성경이 말하는 신앙의 역설과 일반적으로 통용되는 세상적 가치를 비교하여 무엇이 다른지 생각해보고, 성경에서 또 다른 신앙의 역설이 나타난 부분이 있다면 찾아서 적어보고 나누어보세요. (참고/ 고전 1:18; 사 60:22)

- 15b절

- 24절

5. 땅에 떨어져 썩은 한 알의 밀은 십자가에서 돌아가신 예수님을 예표합니다. 예수님을 구원자와 주인으로 모시고 사는 신자들 역시 썩는 밀알이 되어야 합니다. 한 알의 밀이 땅에 떨어져 썩으면 많은 열매를 맺는다는 사실을 잘 알면서도 우리가 그렇게 살지 못하는 이유는 무엇이라고 생각합니까?

6. 다음 글을 읽고 한 알의 밀이 땅에 떨어져 썩으면 많은 열매를 맺는다는 말씀을 묵상해봅시다.

아마도 많은 이들이 1999년 4월 20일에 일어난 미국 컬럼바인(Columbine) 고등학교 총기난사 사건을 기억할 것입니다. 그때 희생당한 사람 중에 캐시 버넬(Cassie Bernall)이 있습니다. 총을 든 남학생이 책상 밑에서 기도하던 버넬에게 "하나님을 믿느냐?"라고 물었습니다. 질문의 뜻을 잘 아는 버넬은 그를 똑바로 쳐다보며 "Yes, I believe in God(그래, 나는 하나님을 믿어)"이라고 답했고, 남학생은 버넬의 머리에 총을 쏘아 그 자리에서 죽였습니다.
버넬은 한때 불량소녀였습니다. 아버지가 버넬을 보살피기 위해 직장을 그만두어야 할 정도로 마약에 빠져 있었고 나쁜 짓을 했습니다. 그런데 교회 수련회에 참석한 후, 그녀는 변화됩니다. 사건 당일 친구에게 건넨 쪽지에는, "나는 오로지 하나님을 위해 살고 싶어. 진심이야. 힘들고 두렵지만 그만한 가치가 있다고 생각해"라고 적혀 있었습니다. 사건이 있은 후, 미국의 청소년 사이에서 영적 부흥 운동이 일어났습니다. 그리스도인 십 대들 사이에 "Yes, I believe in God"이라는 문구를 새긴 티셔츠를 입고 다니는 운동이 벌어진 것입니다.

7. 가장 놀라운 신앙의 역설은 예수님의 십자가 사건입니다. 예수님의 십자가 죽음은, 사탄의 입장에서 완벽한 승리처럼 보였지만, 결국은 사탄의 참패였고 예수님의 완승이었습니다. 밀알이 썩는 것 또한 이와 같습니다. 썩는 순간에 싹이 나고 줄기가 햇빛을 따라 뻗어 올라 황금밀밭이 됩니다. 가정에서 사회에서 밀알처럼 썩으면 풍성한 열매를 맺을 수 있는 사례를 찾아보고 함께 나누어봅시다.

삶의 열매를 거두며

복음의 정수는 밀알이 썩는 것처럼 내가 죽고 예수님이 사는 것입니다. 사탄은 하와에게 한 것처럼 우리에게 속삭이며 우리의 자아가 살아나도록 마음을 격동시킵니다. 지난 한 주간 밀알처럼 썩지 못하여 그리스도인의 모습을 드러내지 못한 것이 있는지 돌아보고, 예수님처럼 자신을 내어줌으로써 풍성해지는 삶을 살기로 결단하는 기도를 드립시다.

Lesson 19

섬김이 먼저입니다

요한복음 13:4~14

4 저녁 잡수시던 자리에서 일어나 겉옷을 벗고 수건을 가져다가 허리에 두
르시고
5 이에 대야에 물을 떠서 제자들의 발을 씻으시고 그 두르신 수건으로 닦
기를 시작하여
6 시몬 베드로에게 이르시니 베드로가 이르되 주여 주께서 내 발을 씻으시
나이까
7 예수께서 대답하여 이르시되 내가 하는 것을 네가 지금은 알지 못하나
이후에는 알리라
8 베드로가 이르되 내 발을 절대로 씻지 못하시리이다 예수께서 대답하시
되 내가 너를 씻어주지 아니하면 네가 나와 상관이 없느니라
9 시몬 베드로가 이르되 주여 내 발뿐 아니라 손과 머리도 씻어주옵소서
10 예수께서 이르시되 이미 목욕한 자는 발밖에 씻을 필요가 없느니라 온몸
이 깨끗하니라 너희가 깨끗하나 다는 아니니라 하시니
11 이는 자기를 팔 자가 누구인지 아심이라 그러므로 다는 깨끗하지 아니하
다 하시니라
12 그들의 발을 씻으신 후에 옷을 입으시고 다시 앉아 그들에게 이르시되
내가 너희에게 행한 것을 너희가 아느냐
13 너희가 나를 선생이라 또는 주라 하니 너희 말이 옳도다 내가 그러하다
14 내가 주와 또는 선생이 되어 너희 발을 씻었으니 너희도 서로 발을 씻어
주는 것이 옳으니라

마음의 문을 열며

죄는 사람을 거만하게 합니다. 죄는 본래 하나님의 자리에 서려고 한 마음에서 시작되었기 때문에 아담 이후로 죄성을 가진 인간은 교만하고 자기를 드러내는 것이 생래적(生來的)으로 몸에 배어 있습니다.

오늘 본문은 거칠고 거만한 죄의 본성을 다루시는 예수님을 보여줍니다. 이제 예수님은 수치와 고난의 십자가를 지셔야 합니다. 하지만 제자들은 여전히 누가 크냐 하는 문제로 다투고 있습니다. 질투와 경쟁으로 가득 차 있는 제자들의 병든 마음은 바로 우리의 실상이기도 합니다. 본문을 읽고 또 읽어서 제자들을 향한 예수님의 간절한 심정을 깨닫고 예수님의 숨소리까지 호흡함으로 진정한 제자의 도에 눈을 뜨는 시간이 되기를 바랍니다.

말씀의 씨를 뿌리며

1. 예수님께서 저녁 식사를 하시던 자리에서 제자들에게 손수 보이신 모습은 무엇입니까?

• 4절

2. 예수님께서 허리에 수건을 두르시고 대야에 물을 떠 제자들의 발을 씻기시자 제자들은 크게 당황했고, 베드로는 절대로 자기 발을 씻지 못하시게 합니다. 그 이유는 무엇이라고 생각합니까? 당시의 사회적 배경을 염두에 두고 답해보세요. (참고/ 눅 17:7~8)

3. 예수님께서 모든 제자들의 발을 씻기신 후에 그들에게 간절히 부탁하시고 명령하신 말씀은 무엇입니까? 그 말씀을 자신의 말로 풀어 정리해보세요.

• 14절

4. 서로의 발을 씻어주라는 예수님의 말씀을 물리적으로 실천하는 것은 쉽지 않습니다. 그렇다면 현대를 사는 그리스도인들이 서로의 발을 씻어주는 것은 어떤 의미입니까? (참고/ 롬 12:10; 엡 4:32; 벧전 4:9)

5. 서로 발을 씻어주는 것은 섬김의 실천을 의미합니다. 이것은 성경적인 '서로의 윤리'를 실천하는 것입니다. "서로 사랑하라. 서로 발을 씻어주라. 서로 용서하라. 서로 짐을 지라. 서로 덕을 세우라. 서로 남을 낫게 여기라. 무엇보다 사랑으로 서로 종노릇하라." 당신에게 서로 발을 씻어주지 못하게 하는 가장 어려운 점이 있다면 그것은 무엇입니까?

6. 다음 글을 읽고 "진정한 섬김은 자기 권리를 포기하는 것에서 시작한다"라는 명제를 묵상해보세요.

순교자 디트리히 본회퍼(Dietrich Bonhoeffer)는 "교회에서 서로를 향한 자발적인 섬김은 형제를 위해서 자신이 원하는 시간에 자신이 원하는 것을 할 권리를 포기한다는 수도사의 맹세와 같다"고 말했습니다. 그러므로 진정한 섬김이란 형제와 이웃을 위해 자신이 원하는 시간에 자신이 원하는 것을 할 권리를 포기하는 것입니다. 예를 들면 이런 것입니다. 남편이 아내를 위해 자신이 원하는 시간에 보고 싶은 TV 방송을 보는 것을 포기하고 아내에게 리모컨을 주는 것도 작은 섬김입니다. 휴일에 산행을 하거나 골프를 치는 것을 포기하고 아내와 아이들을 위해 함께 시간을 보내는 것도 섬김입니다.

권리를 포기한다는 것은 꼭 외적으로 드러나는 무엇인가를 포기하는 것만을 의미하지 않습니다. 예수님은 우리를 위해 하나님의 독생자로서 자기 영광을 취할 권리를 포기했습니다. 오병이어처럼 엄청난 이적을 행하시고도 세상적으로 인정받을 권리를 포기했습니다. 십자가를 지실 때 쏟아지는 온갖 모욕으로부터 자신을 지킬 권리를 포기했습니다. 그의 제자들은 어떻습니까? 배가 고파 안식일에 밀밭에서 밀을 따 먹으면서도 불평불만을 할 권리를 포기했습니다. 예수님이 사마리아 성에서 이틀을 유하셨을 때 비판하거나 험담할 권리를 포기했습니다. 예수님께서 베드로, 야고보, 요한만 데리고 변화산에 올라가셔서 소외당했을 때 반발하는 권리를 포기했습니다. 3)

7. 당신은 대야에 물을 떠서 가족이나 같은 신앙 공동체에 속한 형제의 발을 씻어준 적이 있습니까? 있다면 그때 어떤 느낌을 받았는지 나누어보세요. 아직 없다면 가족이나 같은 신앙 공동체에 속한 형제자매의 발을 씻긴 후 그 느낌을 적어보세요.

삶의 열매를 거두며

예수님께서 제자들의 발을 씻어주신 근본적인 이유는 제자들을 사랑하셨기 때문입니다. 사랑하셨기 때문에 제자들의 병든 마음을 치료하기를 원하셨고, 사랑하셨기 때문에 기꺼이 종의 모습으로 제자들을 씻어주실 수 있었습니다. 사랑과 섬김은 동전의 양면과 같습니다. 사랑하면 섬길 수 있지만, 거꾸로 서로 발을 씻어주라는 말씀에 순종하여 섬기면 사랑하는 마음이 생깁니다. 일생 동안 "너희도 서로 발을 씻어주라"는 예수님의 말씀을 기억하고, 순종하기로 결심하는 기도를 올려드립시다.

Lesson 20

길이요 진리요 생명 되시는 예수님

요한복음 14:1~6

1 너희는 마음에 근심하지 말라 하나님을 믿으니 또 나를 믿으라
2 내 아버지 집에 거할 곳이 많도다 그렇지 않으면 너희에게 일렀으리라
내가 너희를 위하여 거처를 예비하러 가노니
3 가서 너희를 위하여 거처를 예비하면 내가 다시 와서 너희를 내게로 영
접하여 나 있는 곳에 너희도 있게 하리라
4 내가 어디로 가는지 그 길을 너희가 아느니라
5 도마가 이르되 주여 주께서 어디로 가시는지 우리가 알지 못하거늘 그
길을 어찌 알겠사옵나이까
6 예수께서 이르시되 내가 곧 길이요 진리요 생명이니 나로 말미암지 않고
는 아버지께로 올 자가 없느니라

마음의 문을 열며

인생길에서 그림자처럼 떠나지 않는 질문이 있습니다. "지금 당신은 어디로 가고 있습니까?" 겉모습은 같지만, 목적지가 있는 걸음과 향방 없는 걸음은 시간이 지날수록 전혀 다른 결과를 가져옵니다. 분명한 목적지가 있고 옳은 방향으로 가고 있다면, 도중에 만나는 어려움은 잠시 앓는 감기처럼 지나갈 것입니다. 그러나 어디로 가는지도 모른다면 작은 어려움조차 큰 근심으로 다가올 것입니다. 오늘 본문은 믿는 자들이 가야 할 유일한 길, 생명의 길을 보여주고 있습니다. 그러므로 신앙이 있으면서도 여전히 근심에 사로잡힌 삶을 살고 있다면 오늘 말씀을 통해 지금 자신이 걷는 인생길의 현주소를 살피고, 진정 예수님이 원하시는 그 길을 걷고 있는지 돌아보는 시간이 되기를 바랍니다.

말씀의 씨를 뿌리며

1. 이제 얼마 후에 십자가를 지실 예수님께서 사랑하는 제자들에게 하신 말씀은 무엇입니까?

• 1절

2. 예수님께서 제자들을 떠나시는 이유를 살펴보세요.

• 2~3절

3. 예수님은 공생애 동안 십자가의 고난과 부활에 대해 제자들에게 여러 번 말씀하셨지만, 정치적인 메시아의 관점에서 예수님을 바라본 제자들은 예수님의 말씀을 이해하지 못했습니다. 여전히 "주께서 어디로 가시는지 우리가 알지 못한나"고 하며 질문하는 도마에게 예수님은 어떻게 대답하십니까?

• 6절

4. 예수님은 근심하는 제자들에게 "내가 곧 길이요 진리요 생명이다"라고 말씀하십니다. 각각의 뜻을 생각해보고 자신의 말로 풀어 정리해 보세요. (참고/ 행 4:12; 요 1:18; 요 11:25)

• 길

• 진리

• 생명

5. 우리 가운데에는 21세기의 도마가 적지 않게 있습니다. 오랜 신앙생활에도 불구하고, 도마처럼 여전히 예수님이 어디로 가시는지도 모르고, 어떻게 예수님을 따라야 하는지도 모를 만큼 영적으로 어두운 상태에 놓여 있는 이유는 무엇이라고 생각합니까? (참고/ 갈 5:17)

6. 다음 글을 읽고 절대 진리를 인정하지 않는 종교다원주의에 대해 생각해보세요.

2002년 9월 11일, 미국에서 9.11테러 1주기를 추모하는 모임이 있었습니다. 대학의 채플 광장에 수천 명의 사람들이 모였습니다. 추모예배라고 하기에 앞자리에 앉았습니다. 그런데 깜짝 놀랄 일이 벌어졌습니다. 유대 랍비가 양 뿔 나팔을 불면서 식이 시작되었고, 이어서 '이맘'이라는 이슬람 지도자가 나와 환영 인사를 하고, 티베트 라마승과 힌두교 사제가 나와 주문을 외웠습니다. 소설에서만 본 조로아스터교 사람들이 나와서 그들의 신(神)인 아후라 마즈다(Ahura Mazda)를 부르고 경전인 《아베스타(*Avestā*)》를 읽었습니다. 그리고 한 동양계 학생이 나와 불교 경전을 낭독하고 힌두교의 《우파니샤드(*Upanisad*)》를 낭독했습니다. 그러고 나서야 기독교인이 나왔는데, 로마서 8장 35~39절만 낭독하고 들어갔습니다. 미국의 주 종교는 기독교인데, 그 추모예배에서는 종교다원주의의 이름으로 기독교가 십 분의 일도 안 되는 역할을 한 것입니다. 모든 종교의 진리를 동일하다고 여기고, 절대 진리는 없으며, 모든 진리가 우리를 구원으로 인도한다는 종교다원주의가 지닌 치명적 몰골이라고 할 수 있습니다.

7. 예수님을 구세주로 믿고, 예수님이 나의 길이요, 진리요, 생명임을 고백하면서도 여전히 다른 길로 가고, 세상적인 원리로 사는 사람들이 있습니다. 당신은 그렇게 살고 있지 않습니까? 만약 그렇다면 그 이유를 생각해보고, 어떻게 하면 유일한 구원의 길이 되시는 예수님과 함께 걸을 수 있을지 나누어보세요.

삶의 열매를 거두며

절대 진리가 사라지고 다원주의가 팽배한 오늘날에는 너무나도 많은 길이 관용과 타협의 이름으로 우리를 유혹합니다. 그러나 성경은 예수님만이 우리의 죄를 해결하고 영생의 문을 여는 유일한 길이 되신다고 선포합니다. 생명으로 인도하는 문은 매우 좁기 때문에 세상의 것으로 가득 찬 비대한 몸으로는 들어갈 수 없습니다. 자신이 움켜쥐고 있는 세상의 것을 조금씩이라도 날마다 내려놓고, 예수님의 진리로 채워가는 인생이 되도록 결단하는 기도를 올려드립시다.

Lesson 21

성령 충만한 신앙생활

요한복음 14:15~21

15 너희가 나를 사랑하면 나의 계명을 지키리라
16 내가 아버지께 구하겠으니 그가 또 다른 보혜사를 너희에게 주사 영원토
록 너희와 함께 있게 하리니
17 그는 진리의 영이라 세상은 능히 그를 받지 못하나니 이는 그를 보지도
못하고 알지도 못함이라 그러나 너희는 그를 아나니 그는 너희와 함께
거하심이요 또 너희 속에 계시겠음이라
18 내가 너희를 고아와 같이 버려두지 아니하고 너희에게로 오리라
19 조금 있으면 세상은 다시 나를 보지 못할 것이로되 너희는 나를 보리니
이는 내가 살아 있고 너희도 살아 있겠음이라
20 그날에는 내가 아버지 안에, 너희가 내 안에, 내가 너희 안에 있는 것을
너희가 알리라
21 나의 계명을 지키는 자라야 나를 사랑하는 자니 나를 사랑하는 자는 내
아버지께 사랑을 받을 것이요 나도 그를 사랑하여 그에게 나를 나타내
리라

마음의 문을 열며

개인이나 공동체가 상처를 받거나 무거운 짐을 지고 있을 때 가장 크게 나타나는 약점은 큰 그림을 보지 못하는 것입니다. 그 결과 개인이나 공동체를 향한 하나님의 크신 계획과 꿈을 놓치게 됩니다. 이 땅을 사는 동안 그 누구도 상처와 짐으로부터 벗어날 수 없습니다. 그러면 어떻게 해야 나를 짓누르는 상처와 짐에도 불구하고 하나님의 계획과 꿈에 대해 열려 있을 수 있을까요?

아무리 어려워도 믿음의 젊은이들은 환상을 보고 믿음의 늙은이들은 꿈을 꿀 수 있습니다(행 2:17). 그것은 하늘로부터 오는 능력을 덧입느냐에 달려 있습니다. 성도의 힘, 교회의 힘은 세상으로부터 오는 것이 아니라 위로부터 부어지는 것입니다. 오늘 말씀 속에서 근심에 짓눌려 있던 제자들에게 보혜사 성령을 약속하신 예수님의 음성을 듣기를 바랍니다.

말씀의 씨를 뿌리며

1. 예수님은 근심하는 제자들을 향해 안타까운 마음을 가지셨습니다. 예수님께서 근심하는 제자들에게 약속해주신 것은 무엇입니까?

- 16절

- 18절

2. 영원토록 우리와 함께 있을 또 다른 보혜사는 어떤 분입니까?

- 17절

- 요 14:26

3. 약속하신 보혜사 성령께서 제자들에게 임하시면 어떤 일이 일어날 것이라고 말씀합니까?

- 20절

• 요 14:12

4. 성령과 함께하는 사람은 자신이 가진 한계를 돌파할 수 있습니다. 위로부터 부어지는 성령의 능력을 받으면 공통적으로 가장 먼저 하는 일이 있습니다. 그것은 무엇입니까?

• 행 16:25

• 엡 5:18~19

5. 성령 충만의 가장 큰 표식은 절대로 그럴 수 없는 상황 가운데에도 바울과 실라처럼 하나님을 찬양하고 경배하는 것입니다. 지난 한 주를 돌아볼 때, 당신의 삶에도 성령 충만의 증거가 나타나고 있습니까? 그렇지 않다면 그 이유는 무엇이라고 생각합니까?

6. 다음 글을 읽고 예수 믿는 사람의 진짜 힘은 성령 충만에서 나온다는 사실을 묵상해보세요.

> 오래전 《라이프(*Life*)》지 한 면에 회오리바람이 휩쓸고 간 현장을 포착한 사진이 실린 적이 있습니다. 사진 중앙에는 마른 지푸라기가 박힌 전신주가 있었는데, 믿기 어려운 장면이었습니다. 가늘고 약한 지푸라기가 어떻게 굵고 단단한 전신주를 뚫고 들어갈 수 있었을까요? 지푸라기는 그 자체로는 아무런 힘이 없었으나, 회오리바람의 엄청난 위력에 힘입어 전신주를 뚫고 들어간 것입니다. 하나님의 자녀는 가장 약한 자이며, 지푸라기 같은 인생이라도 하나님의 성령에 전적으로 순종할 때 세상적으로는 도무지 할 수 없는 일을 성취할 힘을 얻습니다. 그리스도인이 이 성령의 능력에 힘입지 않고 어떻게 험한 광야 같은 세상을 살아갈 수 있을까요. 4)

7. 성령이 임하시면, 우리가 예수님 안에 있고, 예수님께서 내 안에 계십니다. 내가 예수님께 속해 있고, 예수님께서 내 안에 있는 성령 충만의 증거는 예수님을 사랑하는 것이고, 예수님을 사랑하면 예수님께서 말씀하신 계명을 지키게 됩니다. 당신은 성령 충만한 사람입니까? (참고/ 20~21절)

삶의 열매를 거두며

삶이 곤고하고 어려워도 성령 충만하면 그 입술에는 찬송이 떠나지 않습니다. 골방에서도 세계를 품고 하나님께서 주신 꿈을 실현하는 삶을 삽니다. 상처와 인생의 짐에도 불구하고 개인과 교회를 향한 하나님의 큰 꿈을 그리며, 연약한 육신의 한계를 뛰어넘습니다. 예수님 사랑 때문에 말씀을 시키며 형제를 사랑합니다. 내주하시는 성령님과 연합하여 충만해짐으로 입술에서는 찬송이 그치지 않고, 마음으로는 형제에 대한 사랑이 넘치는 삶이 될 수 있도록 간절히 기도하는 시간을 가집시다.

Lesson 22

나는 포도나무요 너희는 가지니

요한복음 15:1~11

1 나는 참포도나무요 내 아버지는 농부라
2 무릇 내게 붙어 있어 열매를 맺지 아니하는 가지는 아버지께서 그것을
제거해버리시고 무릇 열매를 맺는 가지는 더 열매를 맺게 하려 하여 그
것을 깨끗하게 하시느니라
3 너희는 내가 일러준 말로 이미 깨끗하여졌으니
4 내 안에 거하라 나도 너희 안에 거하리라 가지가 포도나무에 붙어 있지
아니하면 스스로 열매를 맺을 수 없음같이 너희도 내 안에 있지 아니하
면 그러하리라
5 나는 포도나무요 너희는 가지라 그가 내 안에, 내가 그 안에 거하면 사람
이 열매를 많이 맺나니 나를 떠나서는 너희가 아무것도 할 수 없음이라
6 사람이 내 안에 거하지 아니하면 가지처럼 밖에 버려져 마르나니 사람들
이 그것을 모아다가 불에 던져 사르느니라
7 너희가 내 안에 거하고 내 말이 너희 안에 거하면 무엇이든지 원하는 대
로 구하라 그리하면 이루리라
8 너희가 열매를 많이 맺으면 내 아버지께서 영광을 받으실 것이요 너희는
내 제자가 되리라
9 아버지께서 나를 사랑하신 것같이 나도 너희를 사랑하였으니 나의 사랑
안에 거하라
10 내가 아버지의 계명을 지켜 그의 사랑 안에 거하는 것같이 너희도 내 계
명을 지키면 내 사랑 안에 거하리라
11 내가 이것을 너희에게 이름은 내 기쁨이 너희 안에 있어 너희 기쁨을 충
만하게 하려 함이라

마음의 문을 열며

세상은 자신의 힘으로 뭔가 해내는 사람을 능력자라고 인정하며 부러워합니다. 세상은 자수성가한 사람을 존중하고 칭송하지만, 성경은 예수님 없이는 아무것도 할 수 없는 사람을 하나님의 자녀라고 부릅니다. 신앙인이라고 하면서 예수님 없이도 만사가 잘된다면, 그 사람의 진짜 태생이 어디인지 다시 생각해보아야 합니다.

오늘 본문은 신앙인의 정체성과 뿌리를 보여줍니다. 예수님을 믿는다는 것이 이 땅을 살아가는 우리에게 어떤 의미를 주는지, 나아가 하나님의 자녀로서 어떻게 하면 풍성하게 열매 맺는 삶을 살 수 있는지를 가르쳐주고 있습니다.

오늘 말씀을 통해 비록 몸은 이 땅에 있지만, 하나님의 자녀인 우리의 뿌리가 어디에 있는지를 다시 확인하고, 하늘 시민으로서의 자부심과 능력을 확보하는 시간이 되기를 바랍니다.

말씀의 씨를 뿌리며

1. 예수님은 자신과 하나님 아버지를 무엇에 비유하고 있습니까?

• 1절

2. 예수님을 믿고 하나님의 자녀가 된 우리는 어떤 존재이며, 이 땅에서 풍성한 열매를 맺는 비결은 무엇입니까?

• 4~5절

3. 내가 예수님 안에 거하고, 예수님이 내 안에 거한다는 것은, 예수님과 우리가 신비한 생명의 연합 관계를 이루게 된다는 말입니다. 그렇다면 믿는 자가 진정으로 예수님과 신비한 생명의 연합 관계를 이루고 있다는 것을 어떻게 알 수 있습니까? (참고/ 고전 10:31; 롬 14:7~8)

• 7절

• 10절

• 11절

4. 우리가 참포도나무이신 예수님의 가지로 살아가는 존재임을 보여주는 증거는 삶 속에서 기도의 능력, 사랑의 능력, 기쁨의 능력을 보이며 살아가느냐 그렇지 않으냐에 달려 있습니다. 당신은 이런 능력을 드러내며 살아가고 있습니까? 그렇지 못하다면 그 이유는 무엇이라고 생각합니까? (참고/ 막 9:28~29)

• 5절

5. 예수님을 믿는 사람은 예수님 없이는 전적으로 무력한 자요, 예수님과 함께라면 진정한 능력자가 됩니다. 그러나 우리 속에 있는 죄의 본성은 예수님 없이 나 혼자서 뭔가를 해보고 싶어 하고, 세상에서 능력자로 살아가기를 원합니다. 당신의 경우는 어떻습니까?

6. 다음 글을 읽고 우리가 참포도나무이신 예수님의 가지로 살아갈 때 나타나는 가장 분명한 성령의 열매 중 하나가 기쁨의 열매라는 사실을 묵상해보세요.

> 주님 안에 거하는 것이 진정한 기쁨임을 삶으로 고백한 사람은 어거스틴(Augustine)입니다. 우리는 어거스틴에 대해서는 《참회록》을 먼저 떠올립니다만, 그가 얼마나 기쁨의 사람이었는지는 잘 모르고 있습니다. 예수 믿기 전에 그는 세상적인 즐거움에 취해 있었습니다. 그랬던 그가 예수님을 믿고 나서 이렇게 고백합니다. "한때 잃어버리게 될까 봐 그렇게도 두려워했던 헛된 기쁨들이 한꺼번에 제거되었을 때, 정말 너무나 상쾌했습니다. 제게서 그것들을 몰아낸 당신은 진정 최상의 기쁨입니다."

7. 예수님을 믿으면, 누구나 하나님의 자녀가 됩니다. 그러나 하나님의 자녀가 되었다고 해서 자동적으로 삶이 풍성해지고 열매 맺는 삶으로 변화되는 것은 아닙니다. 예수님으로부터 날마다 자양분을 공급받아야 일평생 주님과 신비한 연합의 관계를 풍성히 누릴 수 있습니다. 이를 위해 지금 당신이 가장 먼저 해야 할 일은 무엇입니까?

삶의 열매를 거두며

신자의 존재 목적은 참포도나무이신 예수님의 가지가 되어 풍성한 열매를 맺는 것입니다. 이를 위해 주님과의 신비한 연합 관계를 날마다 삶 속에서 경험해야 합니다. 그래야만 예수님께서 말씀하시고 약속하신 기도와 사랑과 기쁨의 능력으로 살아갈 수 있습니다. 쓸모없는 자가 참포도나무이신 예수님의 가지로서 열매 맺는 존재가 된 것을 감사합시다. 또한 예수님께 접붙임 된 가지로서 풍성한 열매를 맺는 삶을 살기 위해 버려야 할 죄의 습관을 잘라내는 결단의 기도를 드립시다.

Lesson 23

우리를 진리 가운데로 인도하시는 성령님

요한복음 16:7~14, 20~21

7 그러나 내가 너희에게 실상을 말하노니 내가 떠나가는 것이 너희에게 유
익이라 내가 떠나가지 아니하면 보혜사가 너희에게로 오시지 아니할 것
이요 가면 내가 그를 너희에게로 보내리니
8 그가 와서 죄에 대하여, 의에 대하여, 심판에 대하여 세상을 책망하시
리라
9 죄에 대하여라 함은 그들이 나를 믿지 아니함이요
10 의에 대하여라 함은 내가 아버지께로 가니 너희가 다시 나를 보지 못함
이요
11 심판에 대하여라 함은 이 세상 임금이 심판을 받았음이라
12 내가 아직도 너희에게 이를 것이 많으나 지금은 너희가 감당하지 못하
리라
13 그러나 진리의 성령이 오시면 그가 너희를 모든 진리 가운데로 인도하시
리니 그가 스스로 말하지 않고 오직 들은 것을 말하며 장래 일을 너희에
게 알리시리라
14 그가 내 영광을 나타내리니 내 것을 가지고 너희에게 알리시겠음이라

20 내가 진실로 진실로 너희에게 이르노니 너희는 곡하고 애통하겠으나
세상은 기뻐하리라 너희는 근심하겠으나 너희 근심이 도리어 기쁨이
되리라
21 여자가 해산하게 되면 그때가 이르렀으므로 근심하나 아기를 낳으면 세
상에 사람 난 기쁨으로 말미암아 그 고통을 다시 기억하지 아니하느니라

마음의 문을 열며

세상의 종교는 자력득도(自力得道)를 추구합니다. 그러나 기독교는 위로부터 임하시는 능력으로 진리를 깨닫습니다. 양자 사이에는 건널 수 없는 엄청난 간극이 있습니다. 진리관이 다르고, 진리에 도달하는 출발점이 다르고, 진리의 문으로 들어가는 주체가 다릅니다. 그렇기 때문에 세상적인 방식으로는 영원의 시간을 투자해 그 어떤 노력을 다한다 해도 우리가 믿는 생명의 진리에 이를 수 없습니다. 오늘 본문은 세상의 철학과 구도자들이 그토록 깨닫기를 원했지만 도달하지 못한 진리 속으로 우리를 인도하고 있습니다. 성경에서 말씀하는 진리가 무엇이며, 누가 우리를 진리 가운데로 인도하시는지 깨닫고, 우리의 삶이 진리 되시는 주님을 더욱 닮아가는 시간이 되기를 바랍니다.

말씀의 씨를 뿌리며

1\. 예수님께서 승천하신 이후에 성령님께서 오셔서 세상에 대해 하시는 중요한 일은 무엇입니까?

• 8절

2\. 성경은 죄에 대해 무엇이라고 말씀합니까? 세상에서 흔히 말하는 죄와 성경에서 말하는 죄의 가장 큰 차이점을 찾아보세요.

• 9절

• 롬 5:12

3\. 성령님께서 이 세상에 오셔서 예수님을 따르는 자들을 위해 하시는 중요한 일은 무엇입니까?

• 13절

4. 진리 가운데로 인도하시는 성령님을 통해 진리이신 예수님을 믿고, 그 말씀대로 사는 사람에게 주어지는 은혜는 무엇입니까? 자신의 말로 정리해보세요.

• 20절

• 고후 6:10

5. 우리는 성령님의 도우심이 아니면 예수님을 믿을 수 없고, 믿은 이후에도 바른 신앙생활을 할 수 없습니다. 어떻게 하면 우리를 진리 가운데로 인도하시는 성령님을 마음에 잘 모시고, 동행하며 살 수 있습니까? (참고/ 고전 3:16~17; 엡 4:30; 살전 5:19)

6. 다음 글을 읽고 죄와 인간의 소외, 그리고 그것을 해결하는 성령 충만에 대해 묵상해보세요.

현대인의 공허와 외로움을 극적으로 보여준 신문기사를 읽은 적이 있습니다. 어느 40대 주부가 상담을 신청했습니다. 그녀는 자녀 교육 문제로 5년 정도 기러기 가족으로 살다가 한국에 돌아왔습니다. 그런데 혼자 살던 남편이 애완견에 지나치게 집착하고 있었습니다. 더욱 당황스러운 것은 남편이 로봇청소기와 대화를 하는 것이었습니다. 그래서 어떻게 하면 좋을지 조언을 구하기 위해 상담 신청을 하게 된 것이었습니다.

가족과 배우자를 곁에 두고도 애완견을 더 가까이하고, 심지어 비인격체인 로봇청소기와 대화를 나누며 소외와 고독을 해결하는 근저(根底)에는 외로움만 자리해 있는 것이 아닙니다. 이는 죄로 인해 하나님으로부터 소외된 인간이 자신의 근본적인 외로움을 해결하고자 애쓰는 비극적 단면에 불과합니다.

7. 성령님의 인도함을 받는 사람의 특징 중 하나는 세상적으로는 근심할 수밖에 없지만, 오히려 근심 중에도 성령 안에서 누리는 기쁨이 있다는 것입니다. 세상은 이해하지 못하지만, 이것이 예수님을 따르는 자들을 향한 성령님의 사역입니다. 지금 당신의 삶에는 이러한 기쁨이 있습니까? 이 같은 기쁨을 누리기 위해 가장 먼저 해야 할 일은 무엇이라고 생각합니까?

삶의 열매를 거두며

하나님의 자녀는 하나님의 영으로 인도함을 받는 사람입니다(롬 8:14). 달리 말하면 성령님의 인도함을 받지 않는 사람, 성령님의 인도하심을 거부하는 사람은 하나님의 자녀라 할 수 없습니다. 성령님의 인도에 둔감하게 만들고, 그분의 음성에 귀를 막게 하는 것은 죄입니다. 죄를 가슴에 담아두면 우리 삶이 성령님의 조명을 받을 수 없습니다. 아무도 모르지만 하나님이 아시는 죄를 짓고 있다면, 그 죄를 끊겠다는 결단의 기도를 드립시다.

Lesson 24

지금, 무엇을 위해 기도해야 하나?

요한복음 17:9~26

9 내가 그들을 위하여 비옵나니 내가 비옵는 것은 세상을 위함이 아니요
내게 주신 자들을 위함이니이다 그들은 아버지의 것이로소이다
10 내 것은 다 아버지의 것이요 아버지의 것은 내 것이온데 내가 그들로 말
미암아 영광을 받았나이다
11 나는 세상에 더 있지 아니하오나 그들은 세상에 있사옵고 나는 아버지께
로 가옵나니 거룩하신 아버지여 내게 주신 아버지의 이름으로 그들을 보
전하사 우리와 같이 그들도 하나가 되게 하옵소서
12 내가 그들과 함께 있을 때에 내게 주신 아버지의 이름으로 그들을 보전
하고 지키었나이다 그중의 하나도 멸망하지 않고 다만 멸망의 자식뿐이
오니 이는 성경을 응하게 함이니이다
13 지금 내가 아버지께로 가오니 내가 세상에서 이 말을 하옵는 것은 그들
로 내 기쁨을 그들 안에 충만히 가지게 하려 함이니이다
14 내가 아버지의 말씀을 그들에게 주었사오매 세상이 그들을 미워하였사오
니 이는 내가 세상에 속하지 아니함같이 그들도 세상에 속하지 아니함으
로 인함이니이다
15 내가 비옵는 것은 그들을 세상에서 데려가시기를 위함이 아니요 다만 악
에 빠지지 않게 보전하시기를 위함이니이다
16 내가 세상에 속하지 아니함같이 그들도 세상에 속하지 아니하였사옵나
이다
17 그들을 진리로 거룩하게 하옵소서 아버지의 말씀은 진리니이다
18 아버지께서 나를 세상에 보내신 것같이 나도 그들을 세상에 보내었고
19 또 그들을 위하여 내가 나를 거룩하게 하오니 이는 그들도 진리로 거룩
함을 얻게 하려 함이니이다

20 내가 비옵는 것은 이 사람들만 위함이 아니요 또 그들의 말로 말미암아
나를 믿는 사람들도 위함이니
21 아버지여, 아버지께서 내 안에, 내가 아버지 안에 있는 것같이 그들도 다
하나가 되어 우리 안에 있게 하사 세상으로 아버지께서 나를 보내신 것
을 믿게 하옵소서
22 내게 주신 영광을 내가 그들에게 주었사오니 이는 우리가 하나가 된 것
같이 그들도 하나가 되게 하려 함이니이다
23 곧 내가 그들 안에 있고 아버지께서 내 안에 계시어 그들로 온전함을 이
루어 하나가 되게 하려 함은 아버지께서 나를 보내신 것과 또 나를 사랑
하심같이 그들도 사랑하신 것을 세상으로 알게 하려 함이로소이다
24 아버지여 내게 주신 자도 나 있는 곳에 나와 함께 있어 아버지께서 창세
전부터 나를 사랑하시므로 내게 주신 나의 영광을 그들로 보게 하시기를
원하옵나이다
25 의로우신 아버지여 세상이 아버지를 알지 못하여도 나는 아버지를 알았
사옵고 그들도 아버지께서 나를 보내신 줄 알았사옵나이다
26 내가 아버지의 이름을 그들에게 알게 하였고 또 알게 하리니 이는 나를
사랑하신 사랑이 그들 안에 있고 나도 그들 안에 있게 하려 함이니이다

마음의 문을 열며

요한복음 17장은 기도의 지성소입니다. 17장이 소개하는 기도는 예수님께서 드리신 전 우주적인 중보기도입니다. 시대를 초월하는 기도이며, 예수님께서 다시 오실 때까지 모든 믿는 자에게 역사하는 기도입니다. 우리가 이 땅에서 사탄의 온갖 위협과 유혹에도 넘어지지 않고 믿음 생활을 할 수 있는 이유도 하나님의 자녀를 위한 예수님의 중보기도 때문입니다.

예수님은 이 기도 후에 가룟 유다의 배신은 물론이요, 십자가의 그 큰 고난도 감당하셨습니다. 오늘 말씀 속에서 예수님께서 우리를 위해 무엇을 기도하셨는지 깊이 묵상함으로 이 세상을 살아갈 능력을 확보하는 시간이 되기를 바랍니다.

말씀의 씨를 뿌리며

1. 예수님께서 우리를 위해 성부 하나님께 기도하신 내용 중 가장 중요하게 중보하신 것은 무엇입니까? 본문에서 반복된 단어들을 중심으로 찾아보세요.

- 11~12절

- 15절

- 21~23절

2. 예수님은 우리를 이 땅에서 보전해달라고 반복하여 간구하셨습니다. 그 이유는 무엇입니까?

- 14절

• 요 15:19~20

3. 예수님께서는 삼위 하나님이 하나이신 것처럼 우리 믿는 자들도 하나가 되기를 간구하셨습니다. 처음에는 제자들이 하나 되기를 위해 기도하셨고, 이제는 예수님을 믿는 모든 성도들이 하나 되기를 위해 기도하고 계십니다. 믿는 자들이 이 땅에서 하나 되기 위해 애써야 하는 이유를 찾아보세요.

• 11절

• 21~23절

4. 예수님께서 이 세상에 있는 믿는 자들이 죄로부터 보전되고 사랑으로 하나 되는, 영적 공동체를 이루도록 기도하시는 궁극적인 목표는 무엇입니까?

• 13절

• 23~24절

5. 이 땅에서는 예수님께서 주시는 기쁨을 누리며 살고, 이 땅을 떠나서는 예수님의 영광에 참여하는 자가 성도입니다. 어떻게 해야 이 땅에서는 기쁨을 누리며 살고, 죽어서는 천국에서 예수님의 영광에 참여하는 자가 될 수 있습니까?

• 16~17절

6. 다음 글을 읽고 중보기도의 능력에 대해 묵상해보세요.

스펄전(Charles Spurgeon) 목사님은 19세기 말 영국에서 복음 사역으로 수많은 사람들을 하나님의 나라로 이끈 분입니다. 어느 날 한 교인이 스펄전 목사님에게 힘 있게 사역하는 비결을 물었습니다. 목사님은 그 교인에게 사역의 비결을 알려줄 테니 따라오라고 했습니다. 그러고는 교인을 지하실로 인도했습니다. 그곳에서는 400여 명의 교인들이 목사님을 위해 중보기도를 하고 있었습니다. 흔히 우리는 스펄전의 훌륭한 사역 비결을 그의 설교에서 찾지만, 사실은 중보기도가 그의 사역 비결이었던 것입니다.

7. 믿는 자들이 죄악 된 세상의 위협과 유혹에서 거룩하게 보전되고, 성도 간에 연합하여 하나 되는 것은 우리 힘으로 할 수 없습니다. 우리가 성도의 정체성을 가지고 힘 있게 살아갈 수 있는 이유는 26절 말씀처럼 성부 하나님이 성자 예수님을 사랑하신 그 사랑이 우리 속에 있고, 또 우리를 사랑하시는 예수님이 우리 안에 있기 때문입니다. 당신은 당신 속에 있는 하나님의 사랑과 예수님을 느끼며 살고 있습니까? 그렇지 못하다면 그 이유는 무엇이라고 생각합니까?

삶의 열매를 거두며

오늘 다른 예수님의 중보기도를 반복해서 읽으면 예수님께서 그분께 속한 사람들을 얼마나, 그리고 어떻게 사랑하시는지 알 수 있습니다. 그리고 측량할 수 없는 그 사랑 때문에 가슴이 뜨거워집니다. 이 사랑에 부합되게 사는 길은 악에 빠지지 않고 말씀에 순종하는 경건한 삶, 형제를 내 몸처럼 아끼는 하나 되는 삶에 있습니다. 더불어 우리도 예수님처럼 형제를 사랑하고 이웃과 교회를 위해 기도하는 삶을 살기로 결심하는 기도를 올려 드립시다.

Lesson 25

예수님 앞에 선 세 인생

요한복음 18:1~40

1 예수께서 이 말씀을 하시고 제자들과 함께 기드론 시내 건너편으로 나가
시니 그곳에 동산이 있는데 제자들과 함께 들어가시니라
2 그곳은 가끔 예수께서 제자들과 모이시는 곳이므로 예수를 파는 유다도
그곳을 알더라
3 유다가 군대와 대제사장들과 바리새인들에게서 얻은 아랫사람들을 데리
고 등과 횃불과 무기를 가지고 그리로 오는지라
4 예수께서 그 당할 일을 다 아시고 나아가 이르시되 너희가 누구를 찾느냐
5 대답하되 나사렛 예수라 하거늘 이르시되 내가 그니라 하시니라 그를 파
는 유다도 그들과 함께 섰더라
6 예수께서 그들에게 내가 그니라 하실 때에 그들이 물러가서 땅에 엎드러
지는지라
7 이에 다시 누구를 찾느냐고 물으신대 그들이 말하되 나사렛 예수라 하
거늘
8 예수께서 대답하시되 너희에게 내가 그니라 하였으니 나를 찾거든 이 사
람들이 가는 것은 용납하라 하시니
9 이는 아버지께서 내게 주신 자 중에서 하나도 잃지 아니하였사옵나이다
하신 말씀을 응하게 하려 함이러라
10 이에 시몬 베드로가 칼을 가졌는데 그것을 빼어 대제사장의 종을 쳐서
오른편 귀를 베어버리니 그 종의 이름은 말고라
11 예수께서 베드로더러 이르시되 칼을 칼집에 꽂으라 아버지께서 주신 잔
을 내가 마시지 아니하겠느냐 하시니라
12 이에 군대와 천부장과 유대인의 아랫사람들이 예수를 잡아 결박하여

13 먼저 안나스에게로 끌고 가니 안나스는 그 해의 대제사장인 가야바의 장
인이라
14 가야바는 유대인들에게 한 사람이 백성을 위하여 죽는 것이 유익하다고
권고하던 자러라
15 시몬 베드로와 또 다른 제자 한 사람이 예수를 따르니 이 제자는 대제사
장과 아는 사람이라 예수와 함께 대제사장의 집 뜰에 들어가고
16 베드로는 문 밖에 서 있는지라 대제사장을 아는 그 다른 제자가 나가서
문 지키는 여자에게 말하여 베드로를 데리고 들어오니
17 문 지키는 여종이 베드로에게 말하되 너도 이 사람의 제자 중 하나가 아
니냐 하니 그가 말하되 나는 아니라 하고
18 그때가 추운 고로 종과 아랫사람들이 불을 피우고 서서 쬐니 베드로도
함께 서서 쬐더라
19 대제사장이 예수에게 그의 제자들과 그의 교훈에 대하여 물으니
20 예수께서 대답하시되 내가 드러내놓고 세상에 말하였노라 모든 유대인들
이 모이는 회당과 성전에서 항상 가르쳤고 은밀하게는 아무것도 말하지
아니하였거늘
21 어찌하여 내게 묻느냐 내가 무슨 말을 하였는지 들은 자들에게 물어보라
그들이 내가 하던 말을 아느니라
22 이 말씀을 하시매 곁에 섰던 아랫사람 하나가 손으로 예수를 쳐 이르되
네가 대제사장에게 이같이 대답하느냐 하니
23 예수께서 대답하시되 내가 말을 잘못하였으면 그 잘못한 것을 증언하라
바른 말을 하였으면 네가 어찌하여 나를 치느냐 하시더라
24 안나스가 예수를 결박한 그대로 대제사장 가야바에게 보내니라
25 시몬 베드로가 서서 불을 쬐더니 사람들이 묻되 너도 그 제자 중 하나가
아니냐 베드로가 부인하여 이르되 나는 아니라 하니
26 대제사장의 종 하나는 베드로에게 귀를 잘린 사람의 친척이라 이르되 네
가 그 사람과 함께 동산에 있는 것을 내가 보지 아니하였느냐
27 이에 베드로가 또 부인하니 곧 닭이 울더라
28 그들이 예수를 가야바에게서 관정으로 끌고 가니 새벽이라 그들은 더럽
힘을 받지 아니하고 유월절 잔치를 먹고자 하여 관정에 들어가지 아니하
더라
29 그러므로 빌라도가 밖으로 나가서 그들에게 말하되 너희가 무슨 일로 이
사람을 고발하느냐
30 대답하여 이르되 이 사람이 행악자가 아니었더라면 우리가 당신에게 넘
기지 아니하였겠나이다

31 빌라도가 이르되 너희가 그를 데려다가 너희 법대로 재판하라 유대인들
이 이르되 우리에게는 사람을 죽이는 권한이 없나이다 하니
32 이는 예수께서 자기가 어떠한 죽음으로 죽을 것을 가리켜 하신 말씀을
응하게 하려 함이러라
33 이에 빌라도가 다시 관정에 들어가 예수를 불러 이르되 네가 유대인의
왕이냐
34 예수께서 대답하시되 이는 네가 스스로 하는 말이냐 다른 사람들이 나에
대하여 네게 한 말이냐
35 빌라도가 대답하되 내가 유대인이냐 네 나라 사람과 대제사장들이 너를
내게 넘겼으니 네가 무엇을 하였느냐
36 예수께서 대답하시되 내 나라는 이 세상에 속한 것이 아니니라 만일 내
나라가 이 세상에 속한 것이었더라면 내 종들이 싸워 나로 유대인들에게
넘겨지지 않게 하였으리라 이제 내 나라는 여기에 속한 것이 아니니라
37 빌라도가 이르되 그러면 네가 왕이 아니냐 예수께서 대답하시되 네 말과
같이 내가 왕이니라 내가 이를 위하여 태어났으며 이를 위하여 세상에
왔나니 곧 진리에 대하여 증언하려 함이로라 무릇 진리에 속한 자는 내
음성을 듣느니라 하신대
38 빌라도가 이르되 진리가 무엇이냐 하더라 이 말을 하고 다시 유대인들에
게 나가서 이르되 나는 그에게서 아무 죄도 찾지 못하였노라
39 유월절이면 내가 너희에게 한 사람을 놓아주는 전례가 있으니 그러면 너
희는 내가 유대인의 왕을 너희에게 놓아주기를 원하느냐 하니
40 그들이 또 소리 질러 이르되 이 사람이 아니라 바라바라 하니 바라바는 강
도였더라

마음의 문을 열며

당신은 어떤 인생으로 설명되고 기억되기를 원합니까? 각자 처한 삶의 배경과 상황에 따라 여러 가지 대답을 할 수 있을 것입니다. 그러나 그리스도인이라면 나이와 빈부와 성별에 관계없이 반드시 '복음으로 설명되는 인생'이어야 합니다. 복음 외에 다른 요소는 세상적인 평가에서는 중요할 수 있어도 하나님 앞에서는 번죽에 불과합니다.

본문은 예수님께서 십자가에 달리시기 직전, 예수님 앞에 선 세 사람을 보여줍니다. 사람들 앞에서는 멋지게 위장하고 변장한 삶도 예수님의 십자가 앞에서는 원래의 몰골이 그대로 드러날 수밖에 없습니다. 우리도 언젠가는 예수님 앞에 서게 될 것입니다. 주님 앞에 선 그날, 나의 인생이 오직 복음으로 설명될 수 있도록 깊은 깨달음과 각성이 있는 시간이 되기를 바랍니다.

말씀의 씨를 뿌리며

1. 성경은 가룟 유다를 어떻게 설명하고 있습니까?

- 5절

- 마 26:24

2. 예수님의 공생애 기간에 가장 신임을 받았던 제자 베드로는 예수님이 체포되시는 현장에서 추락하는 모습을 보여줍니다. 그 모습을 하나씩 정리해보세요.

- 10절

- 18절

- 27절

3. 예수님 앞에 선 세 번째 사람은 빌라도입니다. 그는 예수님께 어떤 질문을 던졌으며, 그 질문 이후에 어떻게 행하고 있습니까?

• 33절

• 35절

• 38절

• 요 19:1

4. 예수님이 체포되시는 현장에서 예수님 앞에 선 세 사람의 모습을 당신의 말로 정리해보세요. 그리고 그들 각자가 예수님 앞에서 그렇게 처신한 이유는 무엇이라고 생각합니까?

• 요 12:4~6

• 마 26:40~41

• 롬 8:5

5. 아마도 당신은 '적어도 나는 예수님을 판 가룟 유다와는 질적으로 다르며, 어떤 경우에도 베드로처럼 예수님을 저주하지는 않을 것이고, 자신의 유익을 위해 예수님을 채찍질하는 그런 짓도 하지 않을 것이다'라고 생각할지 모릅니다. 그러나 자기 자신의 인간적인 욕심을 위해 예수님을 판 적이 없는지, 신앙을 위협하는 세상 앞에서 예수님을 부인한 적은 없는지, 자신의 명예와 권리를 지키기 위해 사람들 앞에서 예수님을 채찍질한 적은 없는지, 각자 자신을 돌아보며 나누어보세요. (참고/ 막 8:38)

6. 다음 글을 읽고 하나님 앞에 부끄러운 모습으로 서지 않기 위해 어떻게 살아야 하는지 묵상해보세요.

> 세상은 우리에게 로마에서는 로마법을 따라야 한다고 말한다. 그러나 성경은 우리에게 로마에서도 하나님의 법을 따라야 한다고 말한다. 로마에서도 로마의 법을 따르지 않은 젊은이가 있다. 다니엘은 고향을 떠나 낯선 이국땅으로 끌려갔다. 바벨론은 포로인 그에게 바벨론의 법을 따르라고 명령했다. 그의 고향과 하나님을 망각하도록 이름까지 바꾸었다. 그러나 그들은 다니엘의 이름은 바꾸었을지 몰라도 그의 마음은 바꿀 수 없었다. 진정한 그리스도인은 회색지대에서 세상의 바람에 흔들리는 사람이 아니다. 세상의 바람이 순풍이든 역풍이든 당신의 돛대에 그리스도의 깃발을 단단히 묶고 항해하라. 5)

7. 마지막 날에는 어느 누구도 예외 없이 예수님 앞에 서게 될 것입니다. 그날 당신은 예수님 앞에서 어떤 인생으로 설명되기를 원합니까? 또 그렇게 되기 위해 지금 당신에게 가장 필요한 것과 당신이 해야 할 것은 무엇입니까?

삶의 열매를 거두며

그리스도인으로서 후회 없이 살았다고 고백할 수 있는 최고의 인생은 복음으로 설명되는 삶을 누리는 것입니다. 바울 사도는 "내가 달려갈 길과 주 예수께 받은 사명 곧 하나님의 은혜의 복음을 증언하는 일을 마치려 함에는 나의 생명조차 조금도 귀한 것으로 여기지 아니하노라"(행 20:24)라고 자신의 삶을 설명하고 있습니다. 우리는 예수님 앞에서 자신의 삶을 낱낱이 직고하게 될 것입니다. 지금까지의 삶이 어떠했든, 남은 인생은 복음으로만 설명되는 길을 가기로 결심합시다. 그리고 아직까지 고백하지 못한 숨겨놓은 죄가 있다면, 죄에서 돌이킬 수 있도록 간절한 결단의 기도를 드립시다.

Lesson 26

복음의 심장, 십자가의 영광

요한복음 19:16~30

16 이에 예수를 십자가에 못 박도록 그들에게 넘겨주니라
17 그들이 예수를 맡으매 예수께서 자기의 십자가를 지시고 해골(히브리 말
로 골고다)이라 하는 곳에 나가시니
18 그들이 거기서 예수를 십자가에 못 박을새 다른 두 사람도 그와 함께 좌
우편에 못 박으니 예수는 가운데 있더라
19 빌라도가 패를 써서 십자가 위에 붙이니 나사렛 예수 유대인의 왕이라
기록되었더라
20 예수께서 못 박히신 곳이 성에서 가까운 고로 많은 유대인이 이 패를 읽
는데 히브리와 로마와 헬라 말로 기록되었더라
21 유대인의 대제사장들이 빌라도에게 이르되 유대인의 왕이라 쓰지 말고
자칭 유대인의 왕이라 쓰라 하니
22 빌라도가 대답하되 내가 쓸 것을 썼다 하니라
23 군인들이 예수를 십자가에 못 박고 그의 옷을 취하여 네 깃에 나눠 각각
한 깃씩 얻고 속옷도 취하니 이 속옷은 호지 아니하고 위에서부터 통으
로 짠 것이라
24 군인들이 서로 말하되 이것을 찢지 말고 누가 얻나 제비 뽑자 하니 이는
성경에 그들이 내 옷을 나누고 내 옷을 제비 뽑나이다 한 것을 응하게 하
려 함이러라 군인들은 이런 일을 하고
25 예수의 십자가 곁에는 그 어머니와 이모와 글로바의 아내 마리아와 막달
라 마리아가 섰는지라
26 예수께서 자기의 어머니와 사랑하시는 제자가 곁에 서 있는 것을 보시고
자기 어머니께 말씀하시되 여자여 보소서 아들이니이다 하시고

27 또 그 제자에게 이르시되 보라 네 어머니라 하신대 그때부터 그 제자가
자기 집에 모시니라
28 그 후에 예수께서 모든 일이 이미 이루어진 줄 아시고 성경을 응하게 하
려 하사 이르시되 내가 목마르다 하시니
29 거기 신 포도주가 가득히 담긴 그릇이 있는지라 사람들이 신 포도주를
적신 해면을 우슬초에 매어 예수의 입에 대니
30 예수께서 신 포도주를 받으신 후에 이르시되 다 이루었다 하시고 머리를
숙이니 영혼이 떠나가시니라

마음의 문을 열며

육신에 혈액이 있어야 생명이 유지되듯이 그리스도인의 신앙은 예수님의 보혈이 있어야 유지됩니다. 혈액을 공급하는 심장이 멎으면 생명을 잃듯이, 예수님의 보혈의 근원이요, 복음의 심장인 대속(代贖)의 십자가가 없으면 기독교는 생명을 잃을 것입니다. 그러므로 예수님을 믿는 사람은 복음의 심장이 있어야 살 수 있습니다. 안타까운 것은 교회를 다니는 사람 중에도 복음의 심장 없이 죽어가는 사람들이 있다는 것입니다. 그러한 이들을 향해 성경은 "네가 살았다 하는 이름은 가졌으나 죽은 자로다"(계 3:1)라고 말씀합니다.

오늘 본문은 우리 속에서 맥박 치는 복음의 심장인 대속의 십자가를 생생하게 보여줍니다. 성경은 왜 예수님께서 십자가에 못 박히셨는지, 누가 예수님을 십자가에 못 박았는지, 그리고 우리는 삶의 현장에서 예수님이 십자가에서 흘리신 보혈로 살아가는지를 묻습니다. 말씀을 통해 다시 한 번 내 속에서 박동하는 복음의 심장 소리를 듣고 펄떡이는 맥박을 느끼는 시간이 되기를 바랍니다.

말씀의 씨를 뿌리며

1. 누가 예수님을 십자가에 못 박았으며, 예수님의 죄명은 무엇입니까?

• 요 19:6

• 16절

• 23절

• 요 18:30

2. 예수님께서 못 박히신 십자가에 달린 패에는 어떤 내용이 쓰여 있으며, 그것이 의미하는 바는 무엇입니까? 다음 구절들과 비교하며 그 뜻을 생각해보세요.

• 19절

• 눅 1:32~33

• 요 12:13

3. 이 땅에 만왕의 왕으로 오신 예수님은 우리 죄를 대속하기 위해 십자가에서 죽으셨습니다. 십자가 위에서 영혼이 떠나시기 전에 마지막으로 하신 말씀은 무엇이며, 그 말씀은 어떤 의미입니까?

• 30절

• 히 7:27

4. 예수님에게 '행악자'라는 죄명을 붙여 십자가에 못 박은 대제사장과 자신이 그릇 행하는 줄 알면서도 권력을 유지하고자 예수님을 십자가 형틀에 내어준 빌라도에게서 엿볼 수 있는 죄의 속성을 말해보고, 당신에게는 이런 속성이 없는지 나누어보세요.

- 눅 23:22

- 막 15:15

5. 예수님을 믿는다고 하면서도 죄에 둔감해지기 시작하면, 우리 또한 언제든지 증오심으로, 분노로, 또는 죄의 위협 앞에서 비겁함으로 예수님을 십자가에 못 박을 수 있습니다. 죄에 대한 무감각을 깨뜨리는 유일한 길은 십자가의 깊은 은혜의 빛이 우리의 둔한 마음을 비추는 것입니다. 어떻게 하면 십자가 은혜의 빛이 날마다 우리 속을 비추게 할 수 있을까요?

- 벧전 2:2

- 엡 4:16

6. 다음 글을 읽고 예수님의 대속의 십자가를 가슴에 품고 사는 것에 대해 묵상해보세요.

주후 1세기에 사역한 이그나티우스(Ignatius)라는 교부가 있다. 그는 안디옥교회의 감독으로 시리아에서 복음의 역사를 펼쳤다. 그의 노년에 로마의 트라야누스(Trajanus, AD 53?~117) 황제가 동방의 도시들을 순회하던 중 안디옥을 방문했다. 기독교를 멸시한 황제는 이그나티우스의 명성에 끌려 그를 만났으나, 혹독한 말로 그에게 빈정대기 시작했다.

"여기 사악한 마귀, 사람들을 속이는 자가 있구나!"

"나는 마귀가 아니라 마음에 그리스도를 모신 사람입니다."

"네 속에 그리스도가 있다고? 본디오 빌라도가 십자가에 못 박아 죽인 그리스도가 네게 그렇게 중요한 존재란 말이냐?"

"그렇습니다. 그분은 나의 죄를 대신해 십자가에 못 박혀 죽으셨기 때문입니다."

대답을 들은 황제는 적법한 절차도 없이 이그나티우스를 로마로 압송해 콜로세움에 세웠다. 4만 5천여 명의 구경꾼들이 몰려들었고, 그를 맹수에게 던지라는 황제의 명이 떨어졌다. 이그나티우스는 이렇게 말했다. "나는 맹수의 이빨 사이에 낀 하나님의 곡식으로 빻아져 주님을 위한 거룩한 빵이 되고자 한다." 그의 말이 채 끝나기도 전에 사자들이 그를 덮쳤다.

7. 예수님은 십자가에서 죽음을 맞으시기 전, "다 이루었다"고 말씀하셨습니다. 예수님의 대속 사역과 성경의 예언 성취와 죄에 대한 완전한 승리를 선포하신 말씀입니다. 이 말씀에는 오늘 내가 갖는 한계와 고통과 짐까지도 해결하시는 복음의 능력이 담겨 있습니다. 이것은 세상 사람들이 결코 이해할 수도 깨달을 수도 없는 복음의 신비입니다. 어떻게 하면 우리가 이 복음의 능력과 복음의 신비에 참여함으로 일상에서 신앙의 부요함을 누릴 수 있을까요?

삶의 열매를 거두며

믿는 자들은 복음의 심장으로 살아가는 사람들입니다. 그러나 때로 죄에 둔감해지면, 대제사장과 빌라도처럼 증오심과 분노와 잔인함, 그리고 죄의 위협 앞에 굴복함으로 예수님을 십자가에 못 박는 부끄러운 짓을 할 수 있습니다. 십자가 대속의 은혜에 감사하고, 우리 영혼에 날마다 은혜의 빛을 비추어달라고 간절히 기도합시다. 그리고 우리에게 비추는 은혜의 빛을 죄가 더 이상 가리지 못하도록 숨겨진 죄를 자복하고 죄에서 돌아서겠다는 결단의 기도를 드립시다.

Lesson 27

사랑하면 새날이 열린다

요한복음 20:11~18

11 마리아는 무덤 밖에 서서 울고 있더니 울면서 구부려 무덤 안을 들여다
보니
12 흰옷 입은 두 천사가 예수의 시체 뉘었던 곳에 하나는 머리 편에, 하나는
발 편에 앉았더라
13 천사들이 이르되 여자여 어찌하여 우느냐 이르되 사람들이 내 주님을 옮
겨다가 어디 두었는지 내가 알지 못함이니이다
14 이 말을 하고 뒤로 돌이켜 예수께서 서 계신 것을 보았으나 예수이신 줄
은 알지 못하더라
15 예수께서 이르시되 여자여 어찌하여 울며 누구를 찾느냐 하시니 마리아
는 그가 동산지기인 줄 알고 이르되 주여 당신이 옮겼거든 어디 두었는
지 내게 이르소서 그리하면 내가 가져가리이다
16 예수께서 마리아야 하시거늘 마리아가 돌이켜 히브리 말로 랍오니 하니
(이는 선생님이라는 말이라)
17 예수께서 이르시되 나를 붙들지 말라 내가 아직 아버지께로 올라가지 아
니하였노라 너는 내 형제들에게 가서 이르되 내가 내 아버지 곧 너희 아
버지, 내 하나님 곧 너희 하나님께로 올라간다 하라 하시니
18 막달라 마리아가 가서 제자들에게 내가 주를 보았다 하고 또 주께서 자
기에게 이렇게 말씀하셨다 이르니라

마음의 문을 열며

인생길을 걷다 보면 어느 순간 길은 사라지고, 더 이상 나아갈 수 없는 막다른 절벽에 이를 때가 있습니다. 이러한 경우를 만날 때, 당신은 어떻게 대처하십니까? 오늘 본문은 예수님을 진실로 사랑하여 인생에 새로운 날이 열린 한 여인을 보여줍니다. 문제와 마주할 때, 신앙인이 문제를 해결하는 방식은 세상의 것과는 전혀 다릅니다. 문제를 직면하여 계획을 세우거나 노력을 경주하기 전에 먼저 예수님을 진실로 사랑하는 것에서 길을 찾아야 합니다. 답답한 현실 가운데서도 진정 가슴 뛰는 인생을 살기를 원한다면, 예수님을 사랑하는 것에서부터 시작해야 합니다.

예수님을 사랑함으로 인생의 새날을 연 한 여인의 삶을 통해 예수님을 사랑하는 것이 막다른 골목에 도달한 인생의 문제를 해결하는 시발점임을 확인하는 시간이 되기를 바랍니다.

말씀의 씨를 뿌리며

1. 예수님이 십자가 위에서 죽으신 뒤 안식 후 첫날, 예수님의 무덤을 가장 먼저 찾은 사람은 누구입니까? 그리고 부활하신 예수님을 처음으로 만난 사람은 누구입니까?

• 요 20:1

• 15절

2. 막달라 마리아는 예수님께서 베풀어주신 사랑으로 인생이 새롭게 열렸고, 이전과는 완전히 다른 삶을 살게 되었습니다. 마리아는 진실되게 예수님을 좇으며 사랑했습니다. 예수님을 진실로 사랑한 마리아에게 예수님께서 허락하신 두 가지 복을 찾아보세요.

• 15절

• 18절

3. 부활하신 예수님께서 막달라 마리아에게 하신 말씀에는, 기독교에만 있는 유일한 단어이자 하나님의 자녀만이 누리는 중요한 특권이 포함되어 있습니다. 그것은 무엇입니까?

• 17절

4. 세상의 어떤 종교도 하나님을 아버지라고 부르지 않고, 그렇게 부를 수도 없습니다. 오직 예수님을 구세주로 믿는 그리스도인만 하나님을 아버지로 부를 수 있습니다. 그렇다면 하나님을 아빠 아버지로 부르는 것은 우리 삶에서 무엇을 의미합니까?

• 롬 8:15~17

• 신 1:31

5. 막달라 마리아는 예수님을 만난 후 심령이 치유되었고, 예수님을 진실 되게 사랑하고 좇았습니다. 그 결과 부활의 첫 증인이 되는 큰 복을 받았습니다. 이처럼 예수님을 진실로 사랑하고 따르면 어렵고 힘든 상황에서도 인생의 새날이 열립니다. 예수님을 진실로 사랑하고 따르는 것은 예수님께서 주신 계명을 지키는 것에서부터 시작할 수 있습니다. 지금 당신은 예수님을 진실 되게 사랑하고 따르고 있습니까? 당신의 삶에서 예수님을 따르지 못하도록 방해하는 것을 적어보고 함께 나누어보세요.

6. 다음 글을 읽고 하나님을 아버지로 부르는 것이 그리스도인의 가장 큰 특권이자 최고의 선물이라는 사실을 묵상해보세요.

신약 신학자 요아킴 예레미아스(Joachim Jeremias)는 하나님 아버지에 대해 이렇게 말했다. "하나님께 대한 호칭인 '아빠'는 그 소리 자체부터 예수님이 최초로 발성하신 것이다." 예수님은 이 체험을 혼자만의 몫으로 쌓아두지 않으시고, 우리도 그분과 똑같이 하나님과의 친밀하고 자유로운 관계를 누리자고 부르고 계신다. 내가 그리스도로부터 받은 최고의 선물은 아빠의 체험이다. 아빠의 자녀로서의 존엄성이야말로 내 속에 가장 응집된 자아상이다. 아빠의 자녀는 어떤 경우에도 세상이 주는 죽 한 그릇에 자신의 장자권을 팔지 않는다. 6)

7. 우리는 예수님을 믿고 하나님을 아빠 아버지로 부르는 특권을 부여받았습니다. 그 특권은 이 땅에서 비록 고된 인생을 살더라도 날마다 새날을 열어갈 수 있는 이유가 됩니다. 하나님을 아버지라고 부르고 부활의 능력을 깨닫게 되면, 우리는 새로운 차원의 영적 자각을 하게 됩니다. "내가 얼마나 큰일을 할 수 있는가?"가 아니라 "내가 누구의 힘으로 일하고 있는가?"에 더 관심을 가지게 됩니다. 당신의 삶을 돌아보십시오. "나는 나 자신의 힘이 아니라 하나님의 능력에 의지해 일하고 있다"고 자신 있게 말할 수 있습니까? 그렇지 못하다면 그 이유를 생각해보세요.

삶의 열매를 거두며

우리도 마리아처럼 슬프고 무거운 발걸음으로 예수님의 무덤을 찾았으나, 돌아설 때는 기쁨과 감사의 발걸음을 뗄 수 있어야 합니다. 우리 가운데에도 인생의 큰 짐을 지고 살아가는 분이 있습니다. 자신의 힘으로는 도저히 해결할 수 없는 상황 앞에서 고통 하는 분도 있습니다. 그럴 때 예수님을 결사적으로 사랑하십시오. 하나님을 아빠 아버지로 불러보십시오. 다시 시작할 수 있는 힘을 주실 것입니다. 더불어 하나님을 아버지로 부를 수 있는 특권에 감사합시다. 그 하나님을 내 인생의 유일한 능력으로 고백하고, 이제는 내 힘이 아니라 하나님의 힘으로 살아가기로 작정하며, 위로부터 부으시는 하나님의 능력을 간구하는 기도를 올려드립시다.

Lesson 28

내 양을 먹이라

요한복음 21:1~25

1 그 후에 예수께서 디베랴 호수에서 또 제자들에게 자기를 나타내셨으니
나타내신 일은 이러하니라
2 시몬 베드로와 디두모라 하는 도마와 갈릴리 가나 사람 나다나엘과 세베
대의 아들들과 또 다른 제자 둘이 함께 있더니
3 시몬 베드로가 나는 물고기 잡으러 가노라 하니 그들이 우리도 함께 가
겠다 하고 나가서 배에 올랐으나 그날 밤에 아무것도 잡지 못하였더니
4 날이 새어갈 때에 예수께서 바닷가에 서셨으나 제자들이 예수이신 줄 알
지 못하는지라
5 예수께서 이르시되 얘들아 너희에게 고기가 있느냐 대답하되 없나이다
6 이르시되 그물을 배 오른편에 던지라 그리하면 잡으리라 하시니 이에 던
졌더니 물고기가 많아 그물을 들 수 없더라
7 예수께서 사랑하시는 그 제자가 베드로에게 이르되 주님이시라 하니 시
몬 베드로가 벗고 있다가 주님이라 하는 말을 듣고 겉옷을 두른 후에 바
다로 뛰어내리더라
8 다른 제자들은 육지에서 거리가 불과 한 오십 칸쯤 되므로 작은 배를 타
고 물고기 든 그물을 끌고 와서
9 육지에 올라보니 숯불이 있는데 그 위에 생선이 놓였고 떡도 있더라
10 예수께서 이르시되 지금 잡은 생선을 좀 가져오라 하시니
11 시몬 베드로가 올라가서 그물을 육지에 끌어올리니 가득히 찬 큰 물고기
가 백쉰세 마리라 이같이 많으나 그물이 찢어지지 아니하였더라
12 예수께서 이르시되 와서 조반을 먹으라 하시니 제자들이 주님이신 줄 아
는 고로 당신이 누구냐 감히 묻는 자가 없더라

13 예수께서 가셔서 떡을 가져다가 그들에게 주시고 생선도 그와 같이 하시
니라
14 이것은 예수께서 죽은 자 가운데서 살아나신 후에 세 번째로 제자들에게
나타나신 것이라
15 그들이 조반 먹은 후에 예수께서 시몬 베드로에게 이르시되 요한의 아들
시몬아 네가 이 사람들보다 나를 더 사랑하느냐 하시니 이르되 주님 그
러하나이다 내가 주님을 사랑하는 줄 주님께서 아시나이다 이르시되 내
어린 양을 먹이라 하시고
16 또 두 번째 이르시되 요한의 아들 시몬아 네가 나를 사랑하느냐 하시니
이르되 주님 그러하나이다 내가 주님을 사랑하는 줄 주님께서 아시나이
다 이르시되 내 양을 치라 하시고
17 세 번째 이르시되 요한의 아들 시몬아 네가 나를 사랑하느냐 하시니 주
께서 세 번째 네가 나를 사랑하느냐 하시므로 베드로가 근심하여 이르되
주님 모든 것을 아시오매 내가 주님을 사랑하는 줄을 주님께서 아시나이
다 예수께서 이르시되 내 양을 먹이라
18 내가 진실로 진실로 네게 이르노니 네가 젊어서는 스스로 띠 띠고 원하
는 곳으로 다녔거니와 늙어서는 네 팔을 벌리리니 남이 네게 띠 띠우고
원하지 아니하는 곳으로 데려가리라
19 이 말씀을 하심은 베드로가 어떠한 죽음으로 하나님께 영광을 돌릴 것을
가리키심이러라 이 말씀을 하시고 베드로에게 이르시되 나를 따르라 하
시니
20 베드로가 돌이켜 예수께서 사랑하시는 그 제자가 따르는 것을 보니 그는
만찬석에서 예수의 품에 의지하여 주님 주님을 파는 자가 누구오니이까
묻던 자더라
21 이에 베드로가 그를 보고 예수께 여짜오되 주님 이 사람은 어떻게 되겠사
옵나이까
22 예수께서 이르시되 내가 올 때까지 그를 머물게 하고자 할지라도 네게
무슨 상관이냐 너는 나를 따르라 하시더라
23 이 말씀이 형제들에게 나가서 그 제자는 죽지 아니하겠다 하였으나 예수
의 말씀은 그가 죽지 않겠다 하신 것이 아니라 내가 올 때까지 그를 머물
게 하고자 할지라도 네게 무슨 상관이냐 하신 것이러라
24 이 일들을 증언하고 이 일들을 기록한 제자가 이 사람이라 우리는 그의
증언이 참된 줄 아노라
25 예수께서 행하신 일이 이외에도 많으니 만일 낱낱이 기록된다면 이 세상
이라도 이 기록된 책을 두기에 부족할 줄 아노라

마음의 문을 열며

인생의 빈 그물은 아무리 애를 써도 채울 수 없습니다. 할 수 있는 모든 노력을 다했음에도 실패의 바다에 빈손으로 서 있지는 않습니까? 빈 그물 앞에서는 더 이상 얻을 것이 없으므로, 세상은 '실패'라고 낙인찍은 뒤 돌아서버립니다. 그러나 신앙인에게 '빈 그물'은, 인생을 다시 일으켜 세우는 '은혜의 그물'이 될 수 있습니다. 세상은 빈 그물을 외면하고 냉소를 던지지만, 예수님은 빈 그물로 돌아서야 할 그분의 제자들을 밤새 지켜보시고, 배 오른편에 그물을 던지라고 말씀하십니다. 예수님은 실패의 바다에서 빈 그물을 들고 고통 하는 우리에게 은혜의 밥상을 차리시고 삶의 깊은 상처를 치유하십니다.

오늘 말씀을 통해 인생의 빈 그물을 채우시는 예수님, 우리 마음을 치유하시는 예수님을 경험하고, 의미 있는 삶을 위해 우리 자신이 붙들어야 할 사명을 재확인하는 시간이 되기를 바랍니다.

말씀의 씨를 뿌리며

1. 예수님께서 부활하신 후, 베드로와 제자들은 앞날에 대한 불안을 안고 고기 잡는 일을 다시 시작했습니다. 그들은 과거에 어부로 지낸 경험을 총동원하여 밤새 그물을 던지며 고기잡이에 나섰습니다. 예수님께서 그들에게 하신 질문과 제자들의 대답을 찾아 정리해보세요.

   • 5절

2. 밤새 그물을 던졌지만 한 마리도 잡지 못한 제자들에게 예수님은 무엇이라고 말씀하셨습니까? 그리고 그 말씀에 순종한 결과는 무엇입니까?

   • 6절

3. 제자들은 밤새 고기잡이에 나섰으나, 한 마리의 고기도 잡지 못하여 텅 빈 그물을 가지고 있었습니다. 어부에게 빈 그물은 실패와 수치의 상징입니다. 그러나 예수님 앞에서 빈 그물이 주는 실패는, 주님의 채우심을 경험하는 기회가 되었습니다. 당신에게도 자신의 힘으로는 도무지 채울 수 없는 빈 그물이 있습니까? 어떻게 하면 실패의 바다에 남겨진 빈 그물을 가득 채울 수 있을까요? (참고/ 요 15:5)

4. 예수님께서는 밤새 고기잡이를 하느라 지친 제자들에게 손수 조반을 준비해 먹이셨습니다. 예수님께서 준비해주신 조반을 먹는 동안 제자들의 심령 가운데 어떤 일이 일어났을 것이라고 생각합니까? 제자들이 조반을 먹은 후에 예수님께서 시몬 베드로에게 하신 말씀은 무엇입니까?

• 12절

• 15~17절

5. 예수님을 부인하고 저주까지 한 베드로는 예수님 앞에 앉아 있는 것 조차 부끄럽고 황송했을 것입니다. 조반을 통해 베드로의 마음을 어루만지고 치유하신 예수님은 베드로에게 다시 사명을 주시면서 영적으로 그를 일으켜 세우십니다. 예수님은 우리를 향해서도 "내 양을 먹이라"고 말씀하고 계십니다. 예수님께서 당신에게 주신 사명은 무엇입니까? 그리고 당신이 먹여야 할 양은 누구입니까?

6. 다음 글을 읽고 인생의 빈 그물을 채우시는 예수님에 대해 묵상해보세요.

베드로가 예수님의 명령에 순종하여 그물을 던지자, 그물이 찢어질 만큼 고기로 가득 찼습니다. 그런데 그의 동료들이 물고기로 가득 찬 그물을 끌어 올리는 동안, 베드로는 예수님의 발 앞에 달려가 엎드렸습니다. 그리고 "주여 나를 떠나소서 나는 죄인이로소이다"라고 부르짖었습니다. 베드로는 지난 3년간 예수님을 따라다녔으나 그때만큼 자신이 죄인인 것을 깨닫지 못했습니다. 지난 3년간 예수님의 수제자로서 앞장섰지만, 그때만큼 예수님께 바짝 엎드린 적이 없었습니다. 만일 베드로가 처절한 빈 그물 같은 인생이 되지 않았다면, 모든 것이 잘되어 승승장구했다면, 자신이 죄인임을 깨달았을까요? 예수님 앞에 자신을 낮추고 납작 엎드릴 수 있었을까요? 예수님만으로 자신의 마음을 가득 채울 수 있었을까요?
세상은 베드로의 빈 그물이 가득 찬 것을 주목합니다. 그러나 우리는 베드로의 빈 마음, 고민하는 마음, 짐 진 마음이 예수님만으로 가득 찬 것에 주목해야 합니다. 이것은 실패 후, 빈 그물을 경험한 후에 주님께서 채워주시는 은혜입니다.

7. 예수님께서는 하나님의 자녀들 모두가 착한 양이요 착한 목자가 되기를 원하십니다. 예수님 앞에서는 착한 양으로서 말씀을 순종하며 따라야 합니다. 또한 예수님의 사명을 받은 자로서는 착한 목자로서 주님의 양을 먹여야 합니다. 그렇게 하기 위해 절대적으로 요구되는 것은 예수님을 사랑하는 것입니다. 예수님을 사랑한다면, 반드시 착한 양이 되고 착한 목자가 되어야 합니다. 어떻게 하면 예수님을 더 사랑할 수 있을까요? 자신의 생각을 나누어보세요.

삶의 열매를 거두며

갈릴리 바다는 우리가 살아가는 삶의 현장입니다. 예수님은 인생의 바다에서 고기만 잡는 것을 원하지 않으십니다. 주님의 사랑을 깨달아 사람 낚는 어부에 대한 사명에 눈을 열지 않으면, 빈 그물에 채워진 고기는 의미가 없습니다. 먼저 내 인생의 빈 그물을 채우시는 예수님을 믿고 감사합시다. 더불어 "내 양을 먹이라"는 사명에 순종할 수 있도록 결심하는 기도를 드립시다.

※ 본 교재에 사용한 예화는 다음의 글을 인용하거나 필요에 따라 다듬은 것입니다.

1) 존 파이퍼, 《존 파이퍼의 거듭남》, 전의우 옮김(두란노, 2009).

2) 김준곤 목사의 〈오색의 신앙을 갖자〉를 참고했다.

3) 디트리히 본회퍼, 《말씀 아래 더불어 사는 삶》, 곽계일 옮김(빌리브, 2010).

4) 빌 브라잇, 《능력 있는 삶과 성령》, 한국대학생선교회 옮김(순출판사, 2002).

5) C. H. 스펄전, 《하나님 편에 서라》, 배응준 옮김(규장, 2010).

6) 브레넌 매닝, 《아바의 자녀》, 윤종석 옮김(복 있는 사람, 2012).